CHRISTIAN MADSBJERG

SENSEMAKING

WHAT MAKES
HUMAN INTELLIGENCE
ESSENTIAL IN THE AGE
OF THE ALGORITHM

センスメイキング

本当に重要なものを
見極める力

クリスチャン・マスビアウ［著］
斎藤栄一郎［訳］
プレジデント社

文学、歴史、哲学、美術、心理学、人類学、……

テクノロジー
至上主義時代を生き抜く
審美眼を磨け

センスメイキング

本当に重要なものを見極める力

文学、歴史、哲学、美術、心理学、人類学、……

テクノロジー至上主義時代を生き抜く審美眼を磨け

はしがき

思考の終焉

1.

世界最大級の医療技術系企業のある経営幹部が、ホワイトボードをぎっしり並べた会議室に座っている。プロジェクターのスクリーンにはパワーポイントのスライドが次々に映し出される。

同社は、一〇年近くにわたって二桁成長を続け、糖尿病治療薬の市場で安泰の地位を築いてきたが、この役員が担当する部門が販売目標の達成に失敗したのは、今年に入って三度目だ。そこでその理由を探ろうと、数カ月前に大がかりな市場調査にゴーサインを出していた。

米国と欧州の糖尿病患者数千人を対象にアンケートを実施し、規定どおりに服薬しているかどうかを左右する数百項目の事項について分析した。その結果、「二型糖尿病患者の四三%が服薬規定を遵守していなかった。不遵守の患者のうち、最大の理由として〝忘れっぽさ〟を挙げた患者は八四%に上った」。

会社を良い方向に持っていこうとしているのにわずかな期間しかなく、それができなければ取締役会で批判の矢面に立たされる状況に、彼は怒りがこみ上げてきた。

「患者の〝忘れっぽさ〟が原因で服薬が守られていないことが判明している。そんなことは何十年も前からわかっていたではないか。そういう行動を変えてもらうには、当社として何ができるのかを考えるべきではないのか」

会議室は静まりかえった。何百万ドルもの費用と何カ月にも及ぶ調査を実施したにもかかわらず、患者があのような行動になってしまう理由は、誰ひとりとしてわからないのである。

2.

ある激戦州で選挙戦を戦っている現職の上院議員候補が、世論調査から割り出した平均得票率を検討していた。コンサルタントによれば、現状に合わせて演説の内容を調整することで、この平均値なら二月の選挙で再当選は確実だという。

選挙区を徹底的に細分化し、それに合わせた演説内容にした。これは以前も経験済みだと陣営は言う。だから二月の選挙も前回、もしくは前々回と同じだろう。

だが、この春の間にまったく予想外の事態に陥った。有力な新人が立候補を表明したのだ。新人候補は選挙区の細分化や地域ごとに的を絞った演説をせず、雄弁な語り口で有権者の心を捉え、一見するとつながりのなさそうな文化的な話題や行動パターンをうまい比喩でつなぎ合わせて将来像を語ってみせた。

新人候補の選挙戦の様子をビデオで見た現職は、有権者の間に熱い盛り上がりが芽生えていることを察知する。戦いの流れに現職は胸騒ぎを覚える。世論調査では現職支持が数字にはっきり表れているのに、新人のほうが有権者としっかりとつながっているように現職が感じてしまうのはなぜなのか。そんな恐怖感に包まれていると、どう正攻法で戦っても今回の選挙には敗れるのではないかという思いが、頭をもたげてきた。

3.

太陽光発電技術専門のベンチャー企業を立ち上げた起業家が、市場の変化を必死に捉えようとしていた。電力供給が送電網による集中管理方式から、大量の業者が参入した分散型方式へと軸足を移すなか、この起業家はさまざまなデータを重ね合わせて状況を見極めなければならない。

このベンチャーは、太陽光発電市場の最先端の技術に精通するなど、エンジニアリング力が自慢で、企業のサステナビリティ・プロジェクトに付き物の文化的・政治的力学については、まったく理解していなかった。

業界の知識は豊富だったにもかかわらず、顧客の流出が続いていた。そして今日も、マーケティングの一環としてサステナビリティへの取り組みに熱心な小売りチェーンである大口法人顧客が、ライバルの太陽光発電会社と契約すると発表した。そのライバル会社は、技術的にも料金的にも、このベンチャーより劣っているにもかかわらず、このような結果になってしまった。

一刻も早く取引先を見つけて穴埋めをしなければ、一カ月か二カ月先には従業員の給与も払えなくなる恐れがある。それにしてもなぜ、技術知識がはるかに劣る競合他社に市場シェアを奪われなければならないのか。いったい何が欠けているというのか。

本書の副題（英語の原書）に「アルゴリズム」という言葉が入っているが、本書はアルゴリズムをテーマにしたものではない。コンピュータ・プログラミングでも機械学習の未来を描いた本でもない。本書のテーマは「人」である。もっと具体的に言えば、文化に光を当てたものであり、我々の時代の揺り戻しを描いた書籍である。

今や人々は、ＳＴＥＭ（科学・技術・工学・数学）や「ビッグデータ」からの抽象化など理系の知識一辺倒になっているため、現実を説明するほかの枠組みが絶滅寸前といってもおかしくない状況にある。その揺り戻しで企業や政府、各種機関は重大な損失を被っている。冒頭に挙げた三つのエピソードからもわかるように、社会は、巨費を投じて、人間による推論や判断の価値を貶《おとし》めているわけだ。

人間のあらゆる行動には、先の読めない変化が付き物なのだが、理系に固執していると、こうした変化に対して鈍感になり、定性的な情報から意味を汲み取る生来の能力を衰えさせることになる。

世の中を数字やモデルだけで捉えるのをやめて、真実の姿として捉えるべきだ。いや、そもそも真実は一つしかないのだ。偽物の抽象化の世界を追いかけていると、人間の世界を感じ取る力を完全に失う重大な危険をはらんでいる。

もちろん、この地球上の極めて多くのこと、つまり物質的な世界を説明する手段として自然科学は都合がいい。例えば化学や工学、物理学の現象を説明するうえで非常に有効だ。だが、我々人間について説明するのは得意ではない。著名な物理学者のニール・ドグラース・

タイソンは「科学の世界で、人間の行動を方程式に入れたとたん、非線形になる。だから物理学は簡単で、社会学は難しいのだ」と語っている。

結局のところ、定量的なデータをどのくらい用意するのか、コンピュータの画面上でどれほど多くの脳のスキャン画像を確認すればいいのか、市場をどれほど多くの方法で細かくセグメント化すればいいのかといったようなことは、大きな問題ではない。

そこに関わってくる人間の行動について確固たる視点がなければ、我々の洞察は何の力も持たない。選挙でも、大規模なイノベーションでも、あるいは企業のプロジェクトでも、そこに存在する人間を取り巻く事情に背を向けてしまえば、世界を純粋に理解する能力を自ら狭めてしまうことになる。

アルゴリズム全盛の今、我々の感性は麻痺しがちだ。だが、目の前の課題を本気で読み解きたいのであれば、こんな時代だからこそ、昔からある時代遅れと思えるようなやり方に回帰すべきなのである。

それは、あらゆる組織で、あらゆる日々のやり取りの中ではなはだしく失われてしまったもの、つまりクリティカル・シンキング（批判的思考）である。だが、そのやり方自体は、決して革命的でも最先端でもないのだ。

センスメイキング　本当に重要なものを見極める力

目次

第一章　世界を理解する

第四章

単なる「薄いデータ」ではなく「厚いデータ」を

大気圏から成層圏へ
新しい言語の勉強
常識の力
ソロスのアドバイス
最高の成績を叩き出す商品トレーダー
想定外の事態への対処法
デカルト流の予測の限界

第五章 「動物園」ではなく「サバンナ」を

フッサールの「カッコに入れる」行為
センスメイキングの応用法
「アイデア」としてのアプリコット・カクテル
「動物園」からの脱却
「正しい」と「真実」の解釈法
時間という経験
現象学を真っ先に活用すべし

第八章 人は何のために存在するのか …… 342

序
ヒューマン・ファクター

人間の本質は、完璧をめざさないことにある。

――ジョージ・オーウェル『*In Front of Your Nose*』（一九四五年〜一九五〇年）

人間に起因する問題の解決策

このところ、我々人間の評判が悪い。機械と比べて不合理だとか非効率といった批判を目にしない日はない。高性能のチップを搭載したコンピュータに比べれば、我々の頭脳はもっさりしているし、感情にも左右される。

仕事の世界では、人間は無能そのもので、プロジェクトの足を引っ張るし、曖昧さや複雑さをよしとするために白黒をはっきりさせず、物事を玉虫色に決着させる。痛い目に遭わないと学ばない面もあるし、ようやく学んだにしても、その精度や厳密さ、一貫性となると、アルゴリズム（コンピュータの処理手順）にはかなわない。

世の中では人間の地位はすっかりガタ落ちで、自分たちの至らなさについて、うまい言い訳をつくり出すまでに成り下がった。会社の休憩室や会社帰りの飲み屋で同僚と一緒に、「しょせん生身の人間だから」と肩をすくめて見せる。

この一言には、我々の文化の中での人間の位置付けについて、人間である以上は欠陥だらけという真実が込められている。

エンジニアリングの世界では、この特性を「ヒューマン・ファクター」（人的要因）と呼ぶ。

航空やサプライチェーン・マネジメント、医薬品など、さまざまな分野で、このヒューマン・ファクターなる言葉は、失敗の許容範囲の同義として使われている。また、人間とコンピュータの相互作用（ＨＣＩ）の中で、人間の欠陥をどのように最適化・是正できるのかに重点を置いたヒューマン・ファクター研究なる新しい研究領域も登場している。

ヒューマン・ファクター研究は、人間が典型的なミスをやらかしたときに機械が上手に対処する方法を探究する。例えばグーグルでは、人間のドライバーに見られる一貫性の欠如を自動運転車に分析させる際にヒューマン・ファクター研究を応用している。ご存じのとおり、人間は不規則に行動する。これが完璧な運転を実現するためのアルゴリズムにとって、厄介このうえないものなのだ。

我々の苦悩に拍車をかけるように、ジャーナリストや未来学者は、近いうちに人間の仕事の大部分がロボットに奪われると騒いでいる。工場や顧客サービス部門の従業員は早くもその犠牲になっているが、そのうちにレストラン従業員や薬剤師、診断専門医、弁護士、会計士に始まり、高齢者介護従事者に至るまで、労働力全体に及ぶようになるだろう。

ジャーナリストや研究者にしてみれば、「仮にこんなことが起こったら」という仮定の話ではなく、「そうなるのは当然として、そのとき我々はどう対処すべきか」という予定の話なのだ。

人間に起因する問題の解決策は、一見すると単純明快だ。今後も使える人間でありたい、つまりは雇ってもらえる人間でありたいと願うなら、これまで我々が独占してきた領土をアルゴリズムに割譲することになる。ひょっとしたら、その軍門に下る可能性も否定できない。現に映画『マネーボール』（二〇一一年）ばりの問題解決の話題を耳にしない日はないほどだ。同作品は、名門大学出のエコノミストを片腕に、人間の直観や経験によらず、事実に即した明快な分析で業界の慣習に風穴をあけるストーリーである。

文化的知識の価値

最近は、アマゾンやグーグルをはじめ、数え切れないほどのアプリやベンチャー企業がビッグデータを活用している話題で持ち切りだ。企業の評判などを社員が評価するサイト「グラスドア」では、求人数、給与、昇進機会の観点から二〇一六年の米国ナンバー1の職種は「データ・サイエンティスト」だったと発表している。

我々は、データが多ければ気づきやひらめきも多くなると信じ切っている。一〇〇人を対象にしたデータを見ていて何らかの学びがあるとすれば、何万人ものデータなら学びは爆発的に増えるだろうか。あるいは何億人ものデータならどうだろう。何十億人に増やしたら……。フェイスブックCEOのマーク・ザッカーバーグが、人々のビッグデータ中毒を見逃すはずもなく、先ごろ投資家向けに、フェイスブックで機械学習を活用し、「世界のありとあらゆる事象を網羅する決定的なモデル」を構築すると語っている。

学生も、その風潮を察知し始めている。米国の超一流大学では、かつては専攻分野として英語や歴史といった教養系が高い人気を誇ったが、工学や自然科学への関心が高まったあおりで、多くの人文科学系学部が衰退している。一九六〇年代以降、人文科学系で授与された学位数は半減している。人文科学系の研究助成金も激減の一途をたどっていて、二〇一一年には科学技術系の研究開発助成総額の〇・五%にも満たない状態だ。

社会科学系でも、ソーシャル・ネットワーク分析や計量心理学といった定量研究が優勢で、社会学や人類学といった定性的（質的）研究は時代遅れと見られている。

二〇一六年の米大統領選をめざして共和党の指名争いを展開していたジェブ・ブッシュは、二〇一五年に開いたタウンホール・ミーティング（地域住民との対話集会）の席上、大学で心理学のような分野を専攻していたらファストフード・レストランあたりで働くことになると聴衆に語った。同じ年、日本の文部科学大臣は、国内の大学に人文・社会科学系の学部を廃止するか「社会的要請の高い分野への転換」を迫った。

彼らに言わせれば、文学や歴史、哲学、芸術、心理学、人類学といった文化を探究する人文科学は、もはや「社会的要請」に応えられないというわけだ。さまざまな国民性やそれぞれの世界を人文科学的見地から理解する行為に対して、役立たずの烙印が公式に押されたのだ。

なるほど、ビッグデータから無尽蔵に得られる情報に比べたら、人間主体の文化的探究にどれほどの価値があるのか。歴史に残る名著にしても、アルゴリズムなら〝読解〟もお手のもので、内容の客観解析までやってのける時代に、そうした名著数冊をがんばって読み切ることにどんな価値があるのか。劇や絵画、歴史研究、舞踊、政治論文、陶芸にどのような価値があるのか。極めて特殊な状況や具体的な背景、物事の文脈と切り離すことができないがために、話を一般化してもっと大きな情報の流れに転換できないような文化的知識にどれほどの価値があるというのか。

教養あるリーダーシップ

こうした風潮の中で、筆者は読者にどうしても届けたいメッセージがあり、いてもたってもいられない思いでペンをとった。それは、文化的知識の価値は間違いなくあるということだ。

この文化的知識、つまり人文学的な思考で育まれた知をおそろかにすれば、我々の未来は極めて危うい状況に置かれることになる。確実なデータと自然科学的な手法のみに偏り、人間の営みを物理法則や機械的メカニズムだけで説明しようとしていると、自然科学の法則では割りきれないあらゆる形式の知識に対して、我々の感度が鈍ってしまうのだ。書籍や音楽、美術、文化などは、複雑な社会的な背景や文脈に触れる機会を与えてくれるが、こうしたものとの接点を失うのである。

これは、象牙の塔の中だけで議論されるような深遠なテーマではない。現に、筆者の本業であるコンサルティング業務に携わっていると、この現象がもたらした影響が嫌でも目に入る。大手企業の上層部には、教養に基づいたリーダーシップが欠如しているのだ。

筆者がこれまで会った経営幹部を見ていると、世界観が孤立している方々があまりに多いのである。顧客や従業員との人間的な接点を失っているがゆえに、現実世界の数値化やモデル化にも失敗しているのだ。こうした幹部は日常の時間も切り刻まれて細分化されているから、そもそも乱雑に見える実世界のデータの森をさまよい歩くひまなどないと思っている。それどころか、実際の問題点を咀嚼することもせず、いきなり問題解決のプロセスに飛びつき、結論を急ぐ。

だから工学専攻かMBAの訓練を受けた幹部補佐を歩兵として採用し、データ戦の最前線に送り込む傾向がある。数値化できるデータへのこだわりが強いと、ときにとんでもない欠点さえ見落としてしまう。そしてこういう補佐として採用された多くの下級マネージャーは、今のビジネスの世界を覆うガラスの天井にぶち当たる。本当にわくわくするような重要な世の中の動きやパターンを見極める感性が持てないまま、過度な単純化に走りすぎるのである。

彼らは若いときに、すべてに「正解」を求めるタイプのマネージャーで通してきた。制度の抜け道や近道を探して、すべての試験で満点を狙う面々だった。一流校に進学し、いつも優秀な成績を収めてきた。学生時代は、常に問題点を減らしてから解決するような訓練を受けてきた。その結果、経営の上層部に名を連ねるうえで不可欠なはずの豊かな教養に裏打ちされた知性に欠けているのだ。

ＳＴＥＭ（科学・技術・工学・数学）、つまり理系の知識が不要と言っているのではない。だが、仕事で成功するには、人文科学や社会科学のトレーニングも負けず劣らず大切なのだ。このことをいつでもさっと数値データで証明できるわけではないが、せっかくなので背景となるデータについて証明させていただきたい。

本当に成功しているリーダー

二〇〇八年、『ウォール・ストリート・ジャーナル』が、ペイスケール社による国際的な報酬に関する大規模調査の結果を報じていた。ＳＴＥＭと括られる純粋な理系教育を受けた学生は、総じて大学卒業後すぐに給与水準の高い職に恵まれていることがわかった。新卒入社の「給与中央値」で見ると、トップはマサチューセッツ工科大学（ＭＩＴ）とカリフォルニア工科大学の二校で七万二〇〇〇ドルだった。またこの二校は、中途採用の「給与中央値」もそれぞれ三位と六位にランキングされた。

だが、この調査は全米の大卒者が対象だったため、新卒初任給にせよ、給与の中途採用の給与にせよ、給与の「中央値」を取れば理系卒業生に有利に働く。というのも、理系の卒業生は、比較的限られた職種に就き給与も高めなのに対して、教養学部系の卒業生は全米各地で実に多種多様な職に就いていて、給与の差が大きいからだ。

だが、全米で中途採用の高年収者（上位一〇％）だけに絞って見ると話は変わってくる。一一位になってようやくMITが顔を出す。一位から一〇位までは、教養学部系に強い学校が名を連ねているのだ。イェール大学やダートマス大学といった学校が、年収中央値で首位（三〇万ドル以上）を獲得している。理系教育を中心とする大学のうち、中途採用の高年収者（上位一〇％）に食い込んでいるのはカーネギーメロン大学だけだった。

この調査では、専攻についても同様の傾向が見られた。中途採用者の専攻別の給与ランキングでは、全般的にコンピュータ工学や化学工学が上位ランクされていて、上位二〇科目に人文科学系はなかなか見当たらない。

ところが、全米で最も成功している年収上位一〇％に着目すると、コルゲート大学やバックネル大学、ユニオン大学など純粋な教養学部系大学を中心に、政治学や哲学、演劇、歴史といった専攻が俄然突出しているのだ。

このデータからわかるのは、理系のトレーニングを受ければ、基本的には新卒就職時に人並みの職に就き、よい収入を手にしていることだ。だが、突出した高収入者、つまりは経営を取り仕切るような立場の人々、ガラスの天井を突き破る力のある人々、世界を変えるような人々は、教養学部系の学位を持っている傾向が強い。シリコンバレー界隈や政治家、さらには教育界の多くの指導的立場にある人々が口々に主張している内容とずいぶん違うことに驚くだろう。

もっとも、グローバル企業や世界屈指の有力機関などに在籍経験が少しでもあれば、なるほどと思えるのではないか。世界の最高経営幹部や役員のカウンセリングを二〇年近く手がけてきて気づいたことだが、本当に成功しているリーダーは、好奇心旺盛で幅広い教育を受けていて、小説も帳簿も読める能力の持ち主なのだ。

成功を収める条件

例えば、グローバルな保険会社の将来を考えたり、ある法案の政治的・社会的影響を吟味したりする場合に、単純極まりないデシジョン・ツリー（意思決定過程を示す樹形図）やスプレッドシートの数値だけで答えにたどり着けると本気で思っているだろうか。二〇〇七年二月、リーマン・ブラザーズは経営状態が帳簿上は良好で、時価総額が過去最高の六〇〇億ドル近くに迫っていた。

ところが、それから一年ほどで株価は九三％も急落し、破産申請となった。かくも数値データは複雑な現実を曖昧にぼやかし、結果、リーマン・ブラザーズを破綻に至らせた。二〇〇三年から二〇〇四年にかけて同社は、住宅ローン会社五社を買収している。その中には、通常の融資審査の通らない人々に貸し付けを行う低所得者向け住宅ローン（サブプライムローン）会社二社も含まれていた。住宅購入ブームを追い風に過去最高の収益を上げていたが、返済能力の審査はあってないようなもので、何も考えずに融資を受ける人々が増加していった。

だが、こうした不良債権は債務担保証券（CDO）と呼ばれる複雑な金融商品のかたちで証券化され、正常な融資の陰に隠れてしまった。もっとも、どんな経営者でも幹部でも、その気になれば自らの足と目で現実を直視することができた。

そもそも、サブプライムローン利用者の大半が支払不能に陥ることは不可避の状況だった。二〇〇八年九月の時点で老後の資金を株式投資に回していた人々にとっては誠に残念なことだが、現実世界のデータに目を向けようと考える金融機関の経営者は皆無に近かった。思考を止めたときに、その影響をもろにかぶるのは我々の知性だけではない。ビジネスも教育も政府も、老後の蓄えまでも危機にさらされるのだ。

こういう懸念を口にしているのはなにも筆者に限ったことではない。これからの時代に対応するためには、しっかりとした教養教育を受けた人間の思考能力が求められると、著名なリーダーの多くが声を大にして訴えている。ロッキード・マーティンの元会長・CEO、ノーマン・オーガスティンは、二〇一一年に『ウォール・ストリート・ジャーナル』へ寄稿し、初等・中等教育での人文科学教育の基盤強化を求めて、次のように主張している。

「国家や文明についてさらりと話して終わりにせず、歴史教育があって初めて情報を咀嚼、分析してまとめあげ、そこから得られた結論をはっきり表現できるクリティカルシンキング（批判的思考）の持ち主が育まれる。幅広いテーマや分野に求められるスキルである」

プロクター・アンド・ギャンブルの元ＣＥＯ、Ａ・Ｇ・ラフリーは、今日の複雑な経営環境の中で事業を成功させるためのアドバイスを求められて、ひと言、「教養の学位を取りなさい」と答えている。

『ハフィントン・ポスト』への寄稿でラフリーは、次のように述べている。

「芸術、自然科学、人文科学、社会科学、言語を学ぶことで、知性が精神的な器用さを育み、新しい考え方にオープンな人間になる。これは、常に変化する環境の中で成功を収める条件でもある。速球力と冷静な判断力で切れ味の良い投球を見せることができなければメジャーリーグで勝つ投手にはなれないように、有力な経営者をめざすのであれば、幅広い教養を身につけ、曖昧さや不確実性に上手に対応していく力が欠かせない。幅広い教養課程を修めれば、概念的思考、創造的思考、批判的思考（クリティカルシンキング）の力が伸びる。これは、心を鍛え抜くうえで欠かせない要素である」

必要なのは人文科学

ビジネスでも政策でも起業家精神でも、最先端に立つ指導的な立場の人々の多くは教養ある労働力の必要性を訴え始めている。考えてみれば、つい最近までは金融、メディア、政策の分野のリーダーに人文科学の心得があることは、ごく一般的だった。

アメリカンエキスプレスの現CEO、ケン（ケネス）・シュノールトは、そのリーダーシップや経営手腕の礎として徹底的な歴史研究を挙げている。

IBMの元CEO、サミュエル・パルミサーノは、ジョンズ・ホプキンス大学で歴史を専攻しているし、財務長官を務めたヘンリー・ポールソンは、ダートマス大学で英文学専攻だ。また、一九九九年から二〇〇五年までヒューレットパッカードのCEOを務めたカーリー・フィオリーナは、ハイテク分野を理解するうえで大学時代に中世史を専攻したことが素晴らしい基盤になったと述べている。ディズニーのマイケル・アイズナーは、経営学や会計学ではなく、代わりに英文学や演劇学を専攻している。投資家として著名なカール・アイカーンは、プリンストン大学で哲学をテーマに「経験主義的意味基準を適切に解釈する際の問題」と題した卒業論文を書いている。

米連邦預金保険公社（FDIC）元総裁のシェイラ・ベアーは、カンザス大学で哲学を専攻し、有力投資ファンドであるブラックストーンの会長兼CEOのスティーブン・シュワルツマンは、イェール大学で「人間についての真の研究となる心理学、社会学、人類学、生物学」にまたがる学際的な専攻を選んだという。

だが一方で、データ分析の学位や最新のコンピュータ・プログラミングを学ぶオンラインの短期集中コースで手に入る即戦力と比べると、今挙げたような分野は的外れとか時代遅れと考える人々が増えている。このように文化が変容した結果、詩や彫刻、小説、音楽といったものの価値が見えなくなってしまったのだ。

人文科学を追求する努力を軽視すれば、我々自身が身を置く世界とは異なる世界を探求する絶好の機会を失うことになる。トーマス・マンの『魔の山』のような素晴らしい小説を読むと、第一次大戦中から戦後にかけての欧州大陸の荒廃ぶりがひしひしと伝わってくる。『一角獣狩り』のような中世のタペストリーに出合えば、ルネサンス時代の最先端にあったフランスの国民にとって何が大切だったのかが理解できる。

また、京都の龍安寺を訪れると、庭石の配置や質感から、日本人の世界観や美意識の根源的なものを感じ取ることができる。研究対象が中国建築だろうがメキシコの歴史だろうがイスラム神秘主義の原理だろうが、こうした思考に慣れることで、あらゆるタイプのデータをまとめ上げ、限定的な仮説を立証あるいは反証せずに探求し、与えられた世界の特殊性に感情移入をする頭脳が鍛えられる。

このように文化に深く関わる活動は、いかなる集団を理解する際にも不可欠な訓練の機会になるはずだ。例えば製薬会社で働いているにもかかわらず、糖尿病患者の世界がわかっていなければ、医薬品開発でどれほどがんばっても成功はおぼつかない。自動車メーカーも同じだ。中国西部に暮らす人々のクルマの利用実態が摑めていなければ、世界最大の自動車市場で的外れな機能満載の車をつくってしまうことになる。公共分野でも、官僚体質について批判的思考の視点を持って働くには、社会科学の手法が欠かせない。

人間の知性とは何か

人文科学のたしなみがあれば、自分とは違う世界のありようを想像できるようになる。恩恵はそれだけではない。人間の経験に関する文化的な知識や説明を背景に、自分とは違う世界にしっかりと思いを巡らせることができれば、回りまわって自分自身が身を置く世界についても、もっと鋭い視点が持てるようになる。各種モデルや金融イノベーションが現実から乖離《かいり》したときにも、気づくことができるようになる。

科学的事実と現実的な姿の双方、目の前の状況と将来の可能性の双方を突き詰めていくと、何らかのパターンが浮かび上がってくる。そのパターンが我々に先見性をもたらし、ひいては本物の視点を手に入れる助けとなる。そしてひとたびしっかりした視点を持つと、長い目で見れば、データにがんじがらめになっているよりも、経済的な利益だけでなく、人生の充実という意味でも必ずやはるかに大きなメリットをもたらす。

文化にとことん関わっていくことは、筆者の言う「センスメイキング」という行為の土台となる。学術界では、センスメイキングという言葉が時代の変化とともに意味も変容しているが、本書では文化的探求という昔からある行為を指している。つまり、今や忘れ去られかねない状況にある価値観に根ざしたプロセスを指すものとして使っている。センスメイキングは人間の知を生かし、「意味のある違い」に対する感受性を高めるのである。この意味のある違いとは、他者にとっても自分自身にとっても重要である。

本書では、センスメイキングをキーワードに、二〇世紀の哲学の考え方に根ざした知の探求の旅に出発する。まず、人文科学の研究を支えている理論や方法論を吟味する。続いて、容易に変化が予測できないデータから意味を汲み取る手がかりとなるようなさまざまな方法について議論する。

また、筆者が実際に体験した独創的な洞察の事例を吟味しながら、イノベーションや思いがけないひらめきに関して依然として巷《ちまた》でまかり通っている迷信を取り除いていく。さらに、実際に達人級の人々の実践例を取り上げ、人間の知こそが広い視野を育む唯一の知性であることを検証していく。

我々の文化は、人工知能や機械学習、コグニティブ・コンピューティングの将来性によってかつてないほどに足元を揺るがされている。政治、金融、社会、技術、環境のシステムが重なり合う我々の世界は、複雑に絡み合っている。このような世界を理解するうえで、人間的な要素が最も重要であることを忘れてはいけない。これは我々自身だけの問題でなく、文化全般の問題でもある。

今すぐ行動に移そう。

第一章　世界を理解する

真の天才とは、不確定で危険な、相矛盾する情報を評価する能力にある。

――ウィンストン・チャーチル

フォードCEOの司令塔

フォード・モーター本社を訪れた客の目に最初に飛び込んでくるのが、国旗だ。ミシガン州ディアボーンにある堂々たる本社ビルのエントランスを取り巻くように掲げられている。その一つひとつがフォード社の進出した国々を表している。本社の正面玄関まで続く通路にずらりと並ぶ国旗は、さながら国連総会でも開かれているような雰囲気だ。

本社ビルのロビーと低層階は、この国際色豊かな明るい雰囲気に満ちていて、行き交う人々も、にこやかに、それでいてキビキビと動き、いくつもあるエレベーターは休む間もなく上下の移動を繰り返している。ところが、最上階は不思議なくらいに静まり返っている。ここには、二〇一四年から社長兼CEOを務めているマーク・フィールズ（二〇一七年五月退任）の執務室がある。この部屋で過ごす最大の目的は、時間と集中力を邪魔されないことにある。

最上階の執務室からは、フォード本社の広大な敷地全体を見渡すことができる。これだけ広いと、打ち合わせなどにやってくる来訪者は車が不可欠。とても徒歩で動き回ることはできない。執務室の窓から見ていると、駆動系やブレーキ、ソフトウエアなどを開発するエンジニアたちが暮らす小さな国のようだ。左に目を向けると製品開発本部、右にはマーケティング関係のオフィスが入るタワーが、美しい芝生の敷地にそびえている。

この見晴らしのいい場所が、マーク・フィールズの司令塔だ。その意思決定は、世界中に散らばる何十万人もの従業員に長期的に影響を及ぼす。この最上階からの景色は素晴らしいが、本当に見えるものは限られている。CEOたるフィールズは、ご多分にもれず、公式、非公式にいくつもの階層の上に立つことで世の中から守られている。

直観で幾多の判断を巧みに下す

フォードの従業員は、CEOが出席する一時間の会議のために、準備に何カ月もかけ、微に入り細をうがち何度もリハーサルを繰り返し、ありとあらゆる想定質問に万全の態勢で臨む。直接、間接を問わず、一九万九〇〇〇人の従業員が徹底的に吟味し厳選した情報をCEOに届けているのだ。なかには、悪い情報を届ける役割はごめんとばかりに、問題をごまかして体裁を繕《つくろ》う者までいる。そうかと思えば、効率第一を口実にCEOへの詳細説明を省いてしまう者もいる。

何らかの会話についてCEOに報告するにしても、そのやり取りのほんの一カ所でも意図的に修正されてしまえば、フィールズは、本来なら戦略的な判断の役に立つはずの重要な人間の知に触れる機会を失う恐れがある。とはいえ、何から何までもれなく注意を払うことなど、彼にも不可能だ。こうした制約の中で、売り上げ一五〇〇億ドル超の巨大企業の未来を左右する意思決定を来る日も来る日も下さざるを得ないのである。

過去には、彼も直観で幾多の判断を巧みに下すことができた。自動車業界で何十年も荒波に揉まれ、マツダのCEOを務めたこともある。調査能力と技術力を駆使して主に米国の消費者の心を捉えるような新機能を打ち出すフォードの販売モデルは、つい最近まで購入者にうまくマッチしていた。先進技術の機能が手に入るなら多少高くても買うという客がいたからこそ、一九〇八年に伝説の「T型フォード」で成功を収めた「高価な品質を低価格の車に」というマーケティング手法がこれまで効果を発揮し続けたのである。

フォードは、ゼネラルモーターズとは違い、自動車技術に関する充実のノウハウを武器にドライバーの心を鷲掴みにし、クルマ好きに受けるメーカーとしての評価を確立していた。要は、フィールズをはじめ、多くのフォードのエンジニア出身者はフォード車購入者層と同じ世界でともに成長してきたのである。

だが、ひとたび別の世界に暮らす人々がフォード車を買い始めると、事情は一変する。ブラジルや中国の人々は世界観にしても心情にしても夢にしても、米国人とは驚くほど違う。そういう人々にとって、確固たる技術力と中産階級の価値観で築いてきたフォードの伝統は何の意味も持たない。

それどころか、一つひとつの質の高い特長自体も、そのクルマの価値と無関係であったり、場合によってはマイナス要素になったりもする。フォードはレーンアシスト（車線逸脱警報・車線維持支援）機能などの技術に投資を続けてきたが、例えば車線が明確に引かれていない中国の都市に暮らすドライバーにとって、どういう意味があるだろうか。

文化への深い洞察力

同社は無人運転車構想にも力を入れているが、新しい顧客層の多くは、インドのニューデリーのように自動車所有に当たって運転手を雇うのが当たり前だったり、自らの社会的地位を示す重要な手段になっていたりする場所に住んでいる。

こうした課題が山積してくると、マーク・フィールズのような幹部が誇る綿密に計算された空間づくりや物の見方は突然、輝きを失ってしまう。こうなると、自らが身を置く世界の知識を頼りに意思決定を下すことはできない。自身が属する文化とは大きく異なる文化の中で暮らす人々の世界を、理解する必要があるからだ。

デトロイトで働くエンジニアの関心事は、例えばトラックが欲しいと思っているテキサス州の消費者の関心事と一致する可能性が高い。だが、キャリアづくりやアート関連の人脈づくりに奔走する上海の若きクリエイターとか、インドのチェンナイで研削加工の仕事の合間を縫って沈思黙考の機会をもっと増やしたいと思っている起業家にとっては、いったい何が大事なのか。フィールズをはじめ、フォードのエンジニア陣はその答えが見えないということを感じ始めている。

筆者は、フィールズのような経営幹部の依頼で、新興市場の文化や国民性を理解する手助けをすることがあるのだが、彼らに話を聞くと、決まって大変な目に遭っていると訴えてくる。いわく、的確な意思決定を下したくても、自分たちの勘頼りではもはやお手上げだと。そして「直観がうまく働かない」ので、一刻も早く直観力を取り戻したいというのだ。では、どうすればいいのか。

マーク・フィールズが必要としている知識、つまり他の世界に対する知識は、文化への深い洞察力なしには得られない。しかも、文化に粘り強く徹底的に向き合わないかぎり、意味のある洞察力を手にすることはできない。

「徹底的に向き合う」といっても、市場調査の数字やデータの分析をやれという意味ではない。人文科学を含む文化研究である。文化の影響力が大きな文章を読み解き、その言語を理解し、そこに描かれる人々の暮らしぶりを肌で感じるということである。「二一歳から三五歳のブラジル都市部に暮らす人々の七六%がプレミアムコーヒーを購入する」というようなことではない。この手のデータからは、文化のかけらも伝わってこない。

スターバックスの存在価値

例えば、スターバックス。同社の成功の背後には、技術と定量分析がある。最新鋭のコーヒーマシンと焙煎機が必要だし、効率的なサプライチェーンやら、きっちりつくり込まれた携帯アプリやら、会社の成長促進のための最先端の財務技術も欠かせない。だが、同社の核心、言い換えれば存在価値は、シンプルだが実に深みのある文化的な洞察力にある。

同社中興の祖であるハワード・シュルツは、南欧のコーヒー文化を米国人の生活のありように合わせて手を加えることに長けていた。今でこそ至極当然の感があるが、三五年前の北米のコーヒーといえば、昔からどの米国家庭にもあるおなじみのブランドの「フォルジャーズ」の豆を使った生ぬるいカップコーヒーくらいしかなかった。シュルツは直感的にイタリアの言葉や文化に親しもうとひらめき、イタリアに飛んで有名なバール（イタリア流の伝統的なカフェ）で学んでからスターバックスを立ち上げている。と同時に、誰もが気軽に集えるコミュニティ・スペースが欠けていた米国の満たされぬ欲求にも応えようとしたのである。「人」を理解するのは簡単ではない。文字どおり現実の世界に暮らす生身の人間を理解しようと思ったら、こうした文化的な知が必要だ。

オーブンで一時間じっくり調理した南フランスのカスレという伝統料理は、いったいどんな香りがするのか知っておくべきだし、朝、砂漠に吹き荒れる砂嵐で目を痛める人々がいることも知らないといけない。一人称の視点で語らない詩があることを知っておく必要があるし、攻撃を受けたら山に逃げることを常識としている人々が存在することも知らないといけない。

このように文化を調べ、全方位的に理解するには、我々の人間性をフルに活用しなければならない。自分自身の知性、精神、感覚を駆使して作業に当たらなければならない。特に重要なのは、他の文化について何か意味のあることを語る場合、自身の文化の土台となっている先入観や前提をほんの少し捨て去る必要がある。自分自身の一部を本気で捨て去れば、その分、まったくもって新しい何かが取り込まれる。洞察力も得られる。このような洞察力を育む行為を筆者は「センスメイキング」と呼んでいる。

センスメイキングとは何か

センスメイキングは、人文科学に根ざした実践的な知の技法である。アルゴリズム思考の正反対の概念と捉えてもいいだろう。センスメイキングが完全に具体性を伴っているのに対して、アルゴリズム思考は、固有性を削ぎ落とされた情報が集まった無機質な空間に存在する。アルゴリズム思考は「量」をこなす考え方で、一秒間に何兆テラバイトもの膨大なデータを処理できるが、深掘りして「奥行き」を追求できるのはセンスメイキングの力なのだ。

センスメイキングのルーツをたどっていくと、アリストテレスに行き着く。実践知（実践的な知恵）を「フロネシス」として提唱したギリシャの哲学者である。スキルの高い人がこのフロネシスを発揮すると、どうなるか。単に抽象的な原理・原則に関する知識を持っているだけにとどまらない。フロネシスとは、知識と経験の両方を絶妙に融合したものだからだ。

ビジネスの世界でいえば、スキルの高いトレーダーが市況の波を乗りこなしながら取引を処理しているときや、ベテランの管理職が何万人もの従業員を擁する組織内の微妙な変化を察知している状態は、まさしくフロネシスが発揮されている。法制改革が実施される際、フロネシスを発揮する政治家なら自身の選挙区内のあらゆる領域で起こりそうな出来事について一気に思い巡らすことができる。豊富な知識と経験を誇る名リーダーの多くは、制度や社会、組織が自分の身体の延長線上にあると考えている。身体が制度、社会、組織の一部であり、制度や社会、組織が身体の一部なのである。

こうした人々は、尋常ではない成果をどのようにして出しているのだろうか。当然のことながら、五ステップ成功術だとか、裏技だとか、絶対できる秘訣といった近道は存在しないが、最も重要な洞察に近づくための基本原則はいくつかある。この基本原則の土台となるのが、人文科学を構成する豊富な理論や方法論だ。そこで基本原則を一つずつ挙げ、現在のアルゴリズム時代に出回っている〝常識〟と対比させてみた。

本書では、各原則について深く掘り下げ、豊富な知的背景を紹介する。さらに、さまざまな考え方を駆使しながら、独自の発想で取り組んでいる優れた実践者も紹介しよう。

●センスメイキングの五原則

1　「個人」ではなく「文化」を
2　単なる「薄いデータ」ではなく「厚いデータ」を
3　「動物園」ではなく「サバンナ」を
4　「生産」ではなく「創造性」を
5　「GPS」ではなく「北極星」を

1　「個人」ではなく「文化」を

哲学は最強の知的ツール

短編小説の名手として名高いノーベル賞作家のアリス・マンローは、かつてこんなことを書いていている。

「心の奥底に根ざしている、きわめて個人的で特異性のある性癖は、まるで風に乗って浮遊する綿毛のように、受けいれてくれそうな着地点を探しているかに見える」

我々は自分のことを、独自の自律的な行動様式を持つ極めて個人的な存在と考えがちだ。

確かに近代の自由民主主義国家では自分自身の思想を持つ自由が約束されているが、何が適切で何が妥当かという判断は、社会的文脈の中で決まってくる。目の付けどころが違うマンローの言葉にあるように、何が適切で何が妥当なのかは、社会的文脈次第で変わってくるのであって、まさしく「綿毛のように」着地点を探して漂う傾向があるのだ。

これがなぜ重要なのか。ある文化について徹底的に深く理解しようと思えば、まずはその文化で暮らす人々の行動のありようやその理由を理解することが先決なのだ。このような理解が個人の言動だけを見ていて完結することは、仮にあったとしても稀であり、人々の一般的な行動傾向に着目したとしても、それを基に文化を理解することはできない。いろいろな世界を知ることから理解が深まっていくのである。

ヘッジファンド・マネージャーだろうが、労働組合員だろうが、芸術家だろうが、母親だろうが、政治家だろうが、我々人間は、自分たちの世界に存在するほかの人々の振る舞いや物事の変え方、物事の捉え方に敏感である。

こうした理解を深める助けになるのが、哲学だ。哲学は難解と思われているが、深く根を張っている文化的な前提を分析する際に、最強の知的ツールとなる。二〇世紀最高の哲学者との呼び声が高いマルティン・ハイデガーは、一九二七年、日常生活の〝酸素〟ともいうべき暗黙の了解事項を「存在」と呼ぶと主張し、西洋哲学のあらゆる前提をひっくり返した。「存在者が、了解される際の基準となるもの」と定義したからだ。

この「我々自身」の斬新な捉え方は、当時有力だったライバルの哲学者ルネ・デカルトの「我思う、ゆえに我あり」という有力な考え方に真っ向から対立するものだった。ハイデガーの「存在」は、個人の思考や分析、背景から客観的に距離を置くこととは、無関係だったのである。

最短距離で最も効果的に達成する手段

ハイデガーをはじめ、彼の志を受け継いだ哲学者らは、純粋に自己完結の個人的主題が重大な役割を担うような状況は、仮にあったとしてもごくわずかと主張した。この新しい一派にとって、社会的文脈、つまり彼らのいう「存在」は、我々の日常の行動の原動力であるにとどまらず、現実が理解できるかたちで意味あるものとして現れるフィルターの役割も果たしていたのである。

例えば欧州の中世に生まれた子供たちなら、自分の帰属意識や夢は必ず教会との関係で規定されたはずだ。中世の若き騎士なら、自分が遭遇する現象はすべて神が自身のそばにいることの証しと映るだろう。もっとも、現在なら悪趣味な芸術のまねごとかコスプレでもなければ、若者が騎士になることなどあり得ないが。現実、すなわち意味があると認識できるすべてのものは、文脈（前後関係・状況）や歴史と切っても切れない。基本的には、この文脈を超えて物事を考えることはできない。人間は、自ら身を置く社会によって定義されるとハイデガーは主張する。

言い換えれば、フォードのマーク・フィールズのような人物が中国やインド、ブラジルといった市場でクルマを売る極意を会得しようと思えば、新しい消費者の社会的な文脈について微妙な違いにまで踏み込んだ理解が求められるわけだ。そしてこうした理解を最短距離で最も効果的に達成する手段こそが、センスメイキングなのである。

わかりやすく言えば、センスメイキングは、上べだけを繕うことではない。適当なＢＧＭ用にアルバム一枚をさっと選んだり、街に飲みに繰り出す前に美術館の展示をわずか三〇分の駆け足で巡ったりするのとはわけが違うのだ。文化にどっぷりと浸からなければセンスメイキングは成り立たない。それは確かに容易ではない作業だが、それだけの報いが必ずある。

この点を実感してもらうため、これから紹介する二人のミュージシャンの音楽でご自身の思考の変化を実体験していただきたい。

音楽に漂う微妙な雰囲気

まずジャズ界の巨匠、チャーリー・パーカーは、いくつかのレコード会社から作品を世に送り出したが、その中に「サヴォイ」と「ダイアル」という会社があり、この二社（レーベル）に残した音源は名盤として語り継がれている。サヴォイ時代やダイアル時代のセッションに耳を傾けると、まるで一九四〇年代のニューヨーク・ハーレムにあった名門ジャズクラブ「ミントンズ・プレイハウス」の店内にタイムトリップしたかのような錯覚に陥る。タバコの煙が立ち込め、人種間の緊張で一触即発の空気に満ちていた、あの頃だ。パーカーの優れた技巧が時間と空間の流れを打ち破り、演奏のスピード感が高まるにつれて、ビバップという当時の斬新な音楽の出現を体感できる。

そうかと思えば、デヴィッド・ボウイの一九七七年のアルバム『英雄夢語り（ヒーローズ）』のタイトル曲の一節「We can be heroes, just for one day」（一日だけなら誰もがヒーローになれる）を聴くと、職にありつける可能性や豊かな将来への希望がなきに等しく、冷めた態度の若者文化に渦巻く絶望感に浸ることができる。

どちらの音楽も耳にした瞬間、別世界に一気に引き込まれる。第二次世界大戦中のハーレムで活躍するジャズ・ミュージシャンにとって、あるいはポストパンク時代のロンドンやニューヨークのストリートにいた若者にとって、現実はどう映っていたのかが見えてくる。音楽に漂う微妙な雰囲気を通じて、特定の時代・場所を支配していた文化の希望や不安といったものを理解できるようになる。どのようなものが賞賛に値し、どのようなルール（美的、社会的、政治的なしきたり）が攻撃の対象になっていたのかがわかるのだ。

素晴らしい芸術作品の価値

最近、これをひしひしと感じさせる出来事があった。ロサンゼルス・カウンティ美術館（LACMA）を訪れたときのことだ。中世後期のイスラム芸術の展示室にふらりと入ったところ、年配の男性がベンチに腰掛け、やつれた表情である作品を凝視していた。視線の先には『*The Gathering of Lovers*』（愛する人々の集い）と題する装飾写本があった。その水彩画には、中央に穏やかに座るアダムを取り巻くように金色の天使が生き生きと描かれていた。

筆者は、先客の男性を邪魔しないように、展示室の端に立っていたが、突然、男性が振り返って話しかけてきた。涙があふれていた。聞けば、男性はメキシコから来た不法就労者で、母親の死を知って悲嘆に暮れていたという。そしてこの装飾写本に書かれている物語を読んで共感したのだという。男性によれば、この作家は自分と縁もゆかりもない世界のどこかで何百年も前に生きていたにもかかわらず、家族に対して自分と同じような思いを抱いていたからだ。

「この人は、亡くなった家族が美しい静かな場所で過ごせますようにって願っていたんだ」

そして、しばらく思いにふけっていたようだが、再び口を開いた。

「俺とまったく同じ心境だったはずだよ」

素晴らしい芸術作品は、時代を超えて我々の心に訴えかける。我々の想像力が及ぶぎりぎりのところにある別世界に対して、「自分と同じだ」と共感する機会を与えてくれるのだ。同時に、我々が身を置く世界、長い歴史の中で我々が生きているこの瞬間をかたちづくっている前提までをも明確に見せてくれる。

会議ひとつをとっても、効率や秩序が優先される文化もあれば、提携関係を確かなものとし、企業間の力関係を確立する道具として会議を活用する文化もある。昼食は二時間かけて楽しむご馳走であると位置付ける文化もあれば、サンドイッチ片手に一〇分でさっと済ますような文化もある。野望を持つことが賞賛される社会もあれば、誹謗や嘲笑の対象とされる社会もある。

こうした暗黙のルールは縁遠いようで実はとても近くにある。我々が意識的に暗黙のルールを観察するか、暗黙のルール自体が崩壊でもしない限り、表立って見えてくることはない。

例えば職場の新人が「自分を幹部にしろ」と言いだしでもしない限り、まさか組織階層を軽視する風潮が社内にあるとは、なかなか気づかないものである。

相対的な関係で捉える

センスメイキングの立場で部屋を見るとは、どういうことか。個々の物が詰まった空間と捉えるのではなく、文化的現実を構成する構造体と捉えることが大切だ。アルゴリズム思考では、香水の瓶には何ミリグラムの液体が入っているとか、ペンはプラスチックに金属を組み合わせてつくられているといった視点で定義付けをする。

一方、センスメイキングでは、あらゆるものを相対的な関係性で捉える。だから香水は、口紅やハイヒール、テキストメッセージと同じく、デートという世界に属する用品になる。ペンは、ワープロや紙や本とともに、書き物の世界に属することになる。ペンも香水もハンマーもワープロも、生活に関わるあらゆるものは、相互に関係がある。他から隔絶された孤立状態で存在するものなど、あり得ない。

この概念を、哲学者はさまざまな名前で呼んでいる。フランスの社会学者ピエール・ブルデューは「ハビトゥス」（暗黙のうちに規範となる生活習慣）と呼び、アルゼンチンの哲学者エルネスト・ラクラウやフランスの哲学者ミシェル・フーコーは「ディスクール」と呼んだ。ほかにも「談話」という名前もある。こうした哲学者はいずれも、背景にある習慣を「存在」として発見したドイツの哲学者ハイデガーの影響を受けている。

哲学者は一世紀近くもの間、この概念を何とかうまく表現しようと努力してきたが、今の世の中では忘れ去られたり、無視されたりしがちだ。定量分析が幅を利かせる世界では、異なる世界や背景となる習慣を共有すること自体が無茶な発想らしく、一般企業や金融機関は言うに及ばず、教育機関や医療機関もそのように見る傾向が強まっている。

企業にしても政治運動にしても、市場や有権者をどのように理解しようとしているかを考えてみるといい。「皆さんはどう思うか」と人々に尋ねているではないか。グループインタビューやアンケートでは、ふだんの生活の文脈などお構いなしに人々だけを切り取るように引っ張り出して、特定のアイデアや製品、政策案について次々に質問を浴びせている。

事実の集合体をつくりたいがゆえにそれぞれの世界を分離し、経験を文脈から切り離せば、人間の行動に光を当てるきっかけをことごとく見失ってしまう。その結果、ほとんどの場合、誤った結論を導いてしまうのである。

人間の行動は個人の選択や嗜好、論理で決まるという考え方が広く浸透しているが、「個人ではなく文化を」という発想は、こうした風潮に警鐘を鳴らすことでもある。そこで第三章では、異なる世界を知ることの大切さやそのための体系を深く掘り下げていこう。

2　単なる「薄いデータ」ではなく「厚いデータ」を

才能を刺激する実感のあるデータ

センスメイキングが個人ではなく文化に関わりがあるとすれば、センスメイキングのデータは独特の特質を持っていることになる。例えばフランス文化の研究に当たって、ＯＥＣＤ（経済協力開発機構）のデータを引っ張ってきただけでは、無味乾燥で形式的なものになってしまう。

では、焼きたてのパンや芳醇なワインなど、フランス流の生活をたっぷりと物語るような、本能を刺激する実感のあるデータならどうか。フランスの詩人ランボーの詩を味わったり、フランスの作曲家、歌手セルジュ・ゲンズブールの歌に耳を傾けたりすることはどうだろう。どれも喜びをもたらしてくれる楽しみにほかならないが、実はセンスメイキングに欠かせないデータでもあるのだ。

一九七三年、アメリカの文化人類学者クリフォード・ギアツは、自身の民族誌における記述方法として、非常に特徴的な「厚い記述」という用語を生み出した。ギアツは人間の行動だけでなく、行動とそれを取り巻く文化的文脈との関わりにも関心を持っていた。ギアツは文化的に複雑なしぐさが持つニュアンス、つまりは生活に深みを付加する「厚み」の研究に学者としてのキャリアの大部分を費やしてきた。

例えば、ウインク（目配せ）を考えてみよう。コンピュータにウインクを定義させたら、「一ミリ秒間継続する目の痙攣《けいれん》」となるのかもしれないが、ウインクにもっと深い意味があることは誰でも知っている。この小さな動きには、「本気じゃないよ」とか「一緒に帰ろうか」とか「お前、バカだな」など多種多様なうえ、言葉で言い表せないような意味さえある。

ギアツの言葉に触発された筆者は、センスメイキングのデータを「厚いデータ」と呼ぶようにしている。文化について有意義なことを表しているからだ。厚いデータは、単なる事実の羅列ではなく、こうした事実の「文脈」を捉えている。例えば米国の家庭の八六％は週に約五・七リットル以上の牛乳を消費しているそうだが、牛乳を飲む「理由」は何か。そして牛乳とはどういうものなのか。

「四〇グラムのリンゴと一グラムの蜂蜜」というのは薄いデータだ。だが、「ユダヤ教の新年祭（ローシュ・ハシャナ）にリンゴを蜂蜜につけて食する習慣がある」となったとたん、これは厚いデータに変わる。

厚いデータを構成する材料

こう考えてみてはいかがだろう。今、椅子に座ったまま、後ろに椅子をずらせば、どんな音がするのか、かなり詳しくわかっているはずだ。一枚の紙を一二〇センチの高さから落としたら、どんなふうに床に落ちていくだろう。紙から手を離した瞬間、どうなるか想像がつくだろう。我々は、紙がゆっくりと前後に揺れながら落ちていくことも、静かに着地することも知っている。

「自分が知っているもの」なら、ほんの一瞬考えるだけだ。カップのコーヒーがわずかに冷めただけでもすぐにわかるし、嵐がもうすぐやってくることも即座に体で感じることができる。妻や夫、恋人の目を見ただけで、様子がおかしいとわかる。これを哲学者は、我々が身の回りの世界についてよく知っているからだと説明する。我々はこういうものを背景に、暮らしを立て、日々を過ごしているわけだ。

この手の知識は、どこにでも転がっている事実というわけではない。まさしく我々が世の中でどう付き合うかがそのまま反映されるからだ。スーパーマーケットでの品物選び、料理方法、人との心の通わせ方、木の伐採方法など、あらゆるものが当てはまる。世の中を理解し、その知識を生かして世渡りをしているのだ。これこそ、ＡＩ研究者が複製しようとして、当然のことながら失敗してしまうポイントだ。そしてこの知識こそ、厚いデータを構成する材料となる。

厚いデータに支配されている我々の生活

厚いデータは、薄いデータのように何でも応用がきくわけではないために、不十分とか、厳格さの欠如といった理由で軽くあしらわれてしまいがちだ。だが、我々の生活はむしろ厚いデータに支配されているのが実態である。この厚いデータを判断の材料から外したり、無視しようとしたりすれば、人間性のモデルとしては欠陥があることになる。ビジネスの文脈で言えば、厚いデータを無視して相手を間違って理解すれば、重大な結果を招きかねない。

それもそのはずで、ビジネスとは、どの商品が一番売れそうだとか、どの社員が一番成果を挙げそうだとか、どのくらいの価格なら客が喜んでお金を出してくれるだろうというふうに、ほぼ例外なく人間の行動に賭けをするようなものだからだ。こうした賭けに長けている企業は、市場で成功しやすい。ここぞという場面での賭けに強くなるには、人に対する理解を深めるほかない。

厚いデータは、薄いデータと対照的な位置にある。薄いデータとは、言い換えれば我々の行為や行動様式の痕跡から得られるデータだ。毎日の通勤・通学の距離とか、インターネットで検索する語句とか、睡眠時間の長さとか、交友関係の広さとか、好きな音楽のジャンルといったものである。

要は、ブラウザに送り込まれた〝クッキー〟（ウェブサイトにアクセスしたユーザーのPCに一時的にデータを保存する仕組み）や手首につけた活動量計や携帯電話のGPSなどが収集するデータである。このような人間の行動特性が重要であることは間違いないが、これですべてを語れるわけではない。

薄いデータは、我々が何をするかという行動の面から我々を理解しようとするのに対して、厚いデータは我々が身を置くさまざまな世界と我々がどういう関係を築いているかという面から我々を理解しようとする。だからこそ雰囲気というようなものは、厚いデータの最も顕著な形態の一つになっているのだ。職場の雰囲気がどんよりとしているとか、パーティが始まったばかりといったことは、その場にいる全員が同意できる。

人間の本能的な文脈に立ち返る

スポーツの試合の盛り上がりや政治デモの白熱状態の真っただ中にいるとどんな感じか、我々は共通の感覚を持っている。文化的に見て重大な瞬間（例えば九・一一にあなたはどこで何をしていただろうか）の悲哀を感じ取ることもできるし、ニュースで勇気ある行動を目にすると、感動が人から人へと広がっていくこともわかる。

同僚が「この会社ときたら、とても今すぐ変わるような見込みはないな」と口にしていたら、「ここにはストレスが多すぎる」という意味にとり、うなずいて同意する。このようなことに敏感になると、自分が身を置く世界がごくわずかでも絶えず変化していることを察知できるようになる。

この同調の姿勢がそれほど重要なのはなぜか。そもそも、市場調査や技術レポートもそのような目的のためではなかったのか。

権力者や為政者の「想定」とは異なり、リーダーや戦略思考の持ち主は、何層にも抽象化された情報に囲まれていることがほとんどだ。企業の最高経営幹部は、常に平静を保ち自信を誇示するように鍛えられた風貌をしているものだが、自ら経営する企業や顧客、そして世界の生の現実を突きつけられてあまりのショックに顔面蒼白になった幹部らを何人も見てきた。

靴メーカーの経営者は、自社製品ならタダで手に入るのが普通だから、靴販売チェーンのフットロッカーやDSWの店舗に足を運ぶことなど夢にも思わない。靴店に行くという、現実に関する本当のデータを持っていないのだ。だから価格や展示方法、サイズ欠品などの現実的な問題に気づかないのである。

自動車メーカーも同じだ。業界に入って以来、自社の車を自腹で買ったことなどないという経営幹部も少なくない。それで、顧客の置かれた状況をどうやって知ることができるだろうか。こうした経営幹部に、体験の本質を欠いたデータを差し出しても、真実はわからずじまいなのだ。文脈やニュアンスが抜け落ちると、残るのは世の中そのものではなく、世の中を抽象的に表現したものだけになる。

要するに、トップリーダーの想像力や直観が失われつつある。こうした幹部が取り入れているのは、無機質な情報と数字だけだ。生気が感じられる部分をすべて削ぎ落とした後の薄いデータが、彼らの〝主食〟なのである。こんな栄養でも比較的安定した状態で、ある程度の期間は生きながら得るだろうが、ひとたび市場に変化が生じると迷走する可能性が高い。環境が変化する中では人間の感情的な文脈、ときには本能的な文脈に立ち返ることが大切だ。そこで厚いデータの本領が発揮される。

3 「動物園」ではなく「サバンナ」を

現象学

厚いデータをもっと手に入れるには、どこに行けばいいのか。本当の意味で複雑で美しい本物の世界に生きる人間について、学ぶのが第一歩だ。これが、現象学という哲学的方法論の基盤となる。「人間の経験の研究」である。現象学では、人間の行動を抽象的な数字の羅列として捉えるのではなく、社会的文脈に存在するものとして観察する。

その違いは、動物園でボウルに入った餌を与えられているライオンを見るのと、実際のサバンナで狩りをして生きるライオンの群れを観察することの違いに似ている。どちらもかたちのうえでは、ライオンが餌を食べていることは変わらない。だが、真実を語っているのは、どちらのライオンだろうか。

例として愛の問題を挙げてみよう。二〇一二年にグーグルで最も多く検索された言葉は「what is love（愛って何）」だった。そこで自然人類学者のヘレン・フィッシャーが一つの答えを提示すると、ユーザーのアクセスが殺到した。フィッシャー率いるチームは、ＭＲＩ装置で脳の活動を調べる磁気共鳴機能画像法（ｆＭＲＩ）を駆使して「ロマンチックな愛」は感情ではなく、モチベーションのシステムだと結論付けた。

つまり、無意識下の化学反応だというのだ。我々が恋愛感情を抱くのは、そうした化学反応によって見込みのありそうな相手と交際したいという意欲が与えられるからだという。

実験室や動物園で恋愛を捉えればこう見えるのだが、フィッシャーの解説では、我々が恋愛を「どのように経験するのか」はまったくわからない。ロマンチックな愛を歴史家に語らせれば、つい最近見られるようになった現象ということになる。

芸術的な遺産や歴史、しきたり

古代インドでは、愛は社会構造に対する危険な破壊行為と見なされたし、中世には愛は狂気と同類とされた。では今、愛とは何か。離婚専門弁護士の間では、フィッシャーのいうモチベーション・システムという説明に反論の声が次々に上がるだろう。愛の働きを見極めるには、現実世界での人々の行動や経験を観察する以外に方法はないのである。

人間の経験を研究する方法では、異常な点に着目するのではなく、すべての人々（あるいはほとんどの人々）にとってごく普通のありふれた点に着目する。いわゆる「R^2」、つまりどのくらいのサンプル数が有意かといったことは気にしなくてもいい。割と少人数の状況であっても、十分だからだ。

こうした人間の経験を収集・検証する目的は、人々に共通する行動パターンをじっくり見るためである。この手法であれば、経営幹部と、彼らが奉仕の対象としている人々とを実際に結びつけることができる。

むろんこんなことを言わずとも、筆者が知る経営幹部は、顧客や依頼人、従業員の「つらいと感じていること」や「満たされないニーズ」を見つけ出して、力になりたいと口々に言っている。

だが、筆者に言わせれば、こういう物の言い方自体、相手との痛ましいほどの距離感が透けて見える。一段高いところから人々を見下ろし、あたかも天命を与えるかのように自らの経験を抽象的に語っている。自分と同じ世界にいる人々について本当に理解したいのであれば、上からではなく同じ目線で関わり合わなければならない。人々と同じ行動をし、同じものを見るのだ。

だが、それでもまだ足りない。文化について何かを理解したければ、その痕跡に着目するのがポイントだ。つまり、芸術的遺産や歴史、しきたりである。人間の経験について勉強するよりは、こうした視点を持つことのほうがはるかに効果的な訓練になる。

4 「生産」ではなく「創造性」を

非線形の問題解決法

世界を深く理解するために現場で過ごす時間を増やし、人文科学を学んだ後、センスメイキングを通して実際の知識をどのように獲得するのか。どのような状況であれば、仮説を用いて検証してもいいのか。先入観を一切持たないほうがいいのは、どういう場合か。いずれも、問題を推論するときの方法だ。科学的手法について、何世紀にもわたって繰り広げられてきた議論の中心にある問題である。

一八〇〇年代後半に、米国の哲学者・論理学者、チャールズ・サンダース・パースは、問題解決に使用する推論形式として「演繹法」「帰納法」「アブダクション」（ある現象を最も適切に説明できる仮説をつくり出すための推論法）の三種類を定義したことで一躍脚光を浴びた。それぞれ、確実性の程度に応じて使い分けられている。

演繹法は、一般的な法則や理論（仮説）から入って、個々の具体的な事象に応用することからトップダウン型の推論方法と呼ばれることもある。例えば、「すべての女性は死を免れない。サリーは女性である」という前提から、「サリーは死を免れない」と推論（演繹）できる。演繹的な推論は、範囲が限定的な問題に威力を発揮するが、新しい情報を組み込むことができない。

この演繹的な推論と対照的なのが、帰納的な推論である。ボトムアップ型とも言われ、具体的な観察から入り、理論へと研ぎ澄ませていく。例えば「サリーは医師である」という観察に、「サリーは学校を卒業したばかりである」という観察を付け加える。そこから、「サリーは医学部出身である」という説明ないし理論を導くことができる。

だが、帰納的な推論は、一連の確信に制限されるため、既知の部分と未知の部分がある特定の問題にはそれなりに有効だが、文化や行動様式が絡む問題となるとお手上げになる。サリーは医師であるとの観察から、サリーは医学部出身と推論できるが、この論理の組み立ては、我々がこれから解決しようとしている問題に対して妥当とは言い難く、あまり意味があるとは思えない。

サリーが幼な子の母親であるとか、地元の政界で活躍している人物といった、まったく異なる文化の文脈でサリーを捉えるとしたらどうだろうか。こうした事例の場合、帰納的推論では、調査の文脈さえ捉えられないうちに、あらゆる洞察を締め出してしまうことになる。

パースの主張によれば、新しいアイデアを生み出すことができるのはアブダクションによる推論だけだという。非線形の問題解決法だ。パースは、既定の説明や論理的な説明がつかない現象を観察したうえで、知識に裏打ちされた推測をする推論形式と定義した。

答え探しの術

簡単な例を挙げてみよう。「家の窓が割れている。宝石箱がなくなっている。家具がひっくり返っている。服があちこちに散らかっている」。この一連の現象を観察し、アブダクションで推論すると、「泥棒に入られた」という最も合理的な結論へと「飛躍」することになる。

パースにとって、アブダクションとは答え探しの術だったのである。科学の発展や工業化時代がすべてを制するという考えが数百年続いたが、パースは『論理学の第一規則』（一八九九年）で自分が知っていると思っていたことに疑問を呈した。「探求の道を塞いではならない」と語り、推論時に犯しやすい誤りとして次の四つを挙げている。

1　自分が正しいと絶対的に主張する。
2　何かを解明する手法や技術がないことを理由に、知り得ないことがあると考える。
3　科学を構成する要素には、まったくもって説明のつかない人知を超えたものが存在すると主張する。
4　法則や原理の一部は完璧な最終形と信じている。

創造性の真の姿

パースは、仮説が「真である」との考えを受け入れず、「真に近い」可能性があると主張した。つまり、常に改善の余地があり、新たな真実が見えてくる可能性は無限にあると考えていたのだ。

科学者というものは、何事についても最後までやり遂げられないことを嫌う。事実は必ずしも反論の余地のない状態にならないのだが、それでは気が済まないのだ。我々は仕事にはある程度の確実性を持たせたいし、一定の疑いを抱えて生きることを不快に感じる。この不快感について、パースは一八七七年の『*The Fixation of Belief*』（確信の固定化）と題した論文で次のように述べている。

「不確かということは、不安や不満の状態であり、我々はここから何としても逃れようと苦心し、確信が持てる状態に移りたいと考える。確信が持てる状態は穏やかで満足のいく状態であり、我々はこれを避けようとは思わないし、別の何かを信じるために変わりたいとも思わない」

要するに、我々はこの「不安や不満の状態」にあることから単に逃れたいという時代遅れの、往々にして愚かというほかない考え方にこだわっているのだと、パースは言いたいのだ。

つまり、我々は、一生懸命に物事を考えることが苦痛という理由だけで実にまずい判断を下すことが少なくないのである。演繹的とか帰納的に考え、順を追って理詰めで問題を推論せよと言っているのではない。

筆者が言っているのは、創造的なひらめきにつながるような思考だ。幾多の紆余曲折を経て、数々の袋小路に悩まされ、思ってもみなかった突破口を見出す。そんなひらめきだ。

アブダクション型の推論には、言ってみれば乱雑さがある。ほとんどの人々は、いつまで続くのかわからないまま不確かな状態に置かれることをひどく嫌う。だが、不確かな状態に置かれない限り、新たな理解への道が開かれることはないのである。これこそが、創造性の真の姿なのである。

5 「GPS」ではなく「北極星」を

ビッグデータ時代のリーダーシップ

どうやら我々は、かつてないほどに複雑極まりない時代に生きているようだ。我々の周囲で起こっている大きな変化のスピードが速すぎて全体像を摑めない状態なのだ。例えばテレビ業界関係者なら、アマゾンとかフールーとかネットフリックスといったストリーミング配信業者の出現に対応を余儀なくされているだろうし、個人の開業医なら、ときにまったく矛盾するような医学研究結果が次から次へと発表される状況に対応していかなければならない。

そう考えれば、今が複雑極まりない時代という話も納得いくのではないか。となると、さっさと白旗を揚げて、その辺にある機械に頼ったほうが話は早いと考えるのも無理はない。ビッグデータとアルゴリズムに基づくプログラミングで、込み入った状況を乗り切ることができそうだからだ。

読者は驚くかもしれないが、実は筆者が思うに、この世界は以前と比べて複雑化しているわけではないし、不可解になっているわけでもない。

確かに昔はインターネットもなければ、ウエアラブル・コンピューティングの普及もなかったのだが、筆者の祖母は世界大戦の破壊的状況に二度も見舞われただけでなく、ペニシリン、大量生産方式、投資銀行、宇宙飛行などの発明も見届けてきた。農業革命の時代を生き、大量の飢餓を目の当たりにした末に、今や人間全員が食べきれないほどの食料を生産・流通する時代（ただし分配には問題がある）が出現している。

今挙げたイノベーションはほんの一例であって、祖母の時代には世の中が一変するようなイノベーションが次々に登場していたのである。確かに我々は変化の時代を生きているかもしれないが、これがとてつもない変化かと問えば、おそらく祖母なら「全然」と答えたはずだ。

現在の世界が手に負えないほど複雑に感じられるのは、事実の集合体として世の中を捉えなければという強迫観念があるからだ。ビッグデータのせいで、世の中のことなら何でもわかるし、わかって当然であるかのように思えるからだ。GPSからのありがたいご託宣をいただこうと画面を凝視するあまり、自分の頭上にきらめく星がいくらでもあるということをすっかり忘れている。

実は、方向を知るためのナビゲーションの道具は昔から我々の周りにいくらでもある。ただし、利用者の責任で現象を〝解釈〟しなければ、正しい方向はわからない。ビジネスも同じで、経営幹部たるもの、政治にせよ技術にせよ文化にせよ、新しい文脈や見慣れぬ文脈を理解し、相互依存が高まる一方の世界で、自分の居場所や置かれた状況を解釈しようという心構えが欠かせないのである。

そんなときに活躍するのが、センスメイキングだ。ビッグデータ時代のリーダーシップに欠かせないポイントが二つあることを、教えてくれる。

まずセンスメイキングは、データ収集に当たって適切な文脈を選べるように誘導してくれる。かたちだけデータを集めても無意味だからだ。どういうデータを、何のために、どのように集めるのか。研究テーマについて考えるための確固たる視点も持たずに、世界を研究することなど不可能だ。

第二に、データを上手に組み合わせて何かを的確に語らせるための切り口が、センスメイキングを通じて身につく。リーダーとしては、データを活用して深みのある世界観を描き出せるチームをつくらなければならない。そうすれば、集めたデータの総和を大きく上回るような解釈ができるのだ。

本当に重要なものを見極める力

このようにセンスメイキングを通じて、どこに注目すべきかを身につけることができる。我々がめざしているのは、万物の知識を身につけることではなく、物事の意味を見出すことのである。

だ。複雑な世界の中で、センスメイキングは本当に重要なものを見極める力を与えてくれるのである。

例えば食品を扱うビジネスは、市場参入計画、設備投資、商品のポジショニングさえできていればいいというわけではない。人々が食べ物とどう向き合っているのかを、文化という文脈で理解しておくことも大切だ。どのように食べ、どのように分け合い、人々にとって食べ物がどのような意味を持つのかを知らなければならないのである。

財務の戦略も大切だが、同様に文化、人、感情、行動、ニーズについても戦略を立てる必要があるのだ。

あたかもGPS頼みで目的地に連れていってもらうかのように、こうした重層的な構造をもつ人間性を単純化して捉えようとせずに、北極星を頼りに航海をするように行く先を見極めるセンスメイキングが大事なのである。

我々は目の前の現実の世界を生きていく術を身につけながら、自分の立ち位置や向かっている方向について正確に捉える力を養っていくものだ。

アルゴリズム思考が客観性、つまりはまったく偏りのない見方という幻想をもたらすものだとすれば、センスメイキングは自分の立ち位置をはっきりさせる方法でもある。特に重要なのは、センスメイキングで自分がどこに向かっているのかを絶えず意識できるようになるのだ。

だが、旅に出る前に、アルゴリズム思考で捉えることをよしとしてきた文化の中で、いったい自分がどういう立ち位置にあったのかもう少し詳しく見ておきたい。

とりわけそのようなアルゴリズム信仰が広く浸透しているのが、「シリコンバレー」ではないか。なぜ括弧《かっこ》付きで書いたかというと、いわゆるサンフランシスコのベイエリアにあるあの地域だけを指しているわけではないのだ。

筆者の言う「シリコンバレー」とはいわばイデオロギーとしてのシリコンバレーであり、あらゆる知の中で自然科学の知識に突出した価値を置く考え方である。

アルゴリズム思考を尊ぶ風潮は、ビジネス、教育、医療、メディア、政府など現代生活の隅々まで広がっている。それだけに、まずはシリコンバレー的発想を後ろ盾にした前提を取っ払うことから本腰を入れて始めないことには、センスメイキングが喫緊の課題であることすら話題にできないといった状況なのだ。

第二章

シリコンバレーという心理状態

「とにかくデータを持ってこい!」と彼は苛立ちを隠さず怒鳴り散らす。「判断材料もないのに推理できるわけないだろう」

——アーサー・コナン・ドイル『ぶな屋敷』

この図書館に終わりはない。それ自体が宇宙なのだ。我々にしてみれば何も書かれていない。化身に姿を変えていない。回廊を歩き、書棚を眺めては並べ替え、同じ部類の騒音や矛盾の中に意味のある行を見つけ、過去の歴史と未来を読み取り、自分たちの考え方を集め、他人の考え方も集め、ときには鏡を見つめ、情報という生き物を認識する。

——ホルヘ・ルイス・ボルヘス『バベルの図書館』

シリコンバレーのビジョン

マーク・ザッカーバーグは、二〇一三年に行った証券アナリスト向けの電話会見で、フェイスブックが世界をもっとつなぐことに重点を置き、知識経済（知財やブランド、ビジネスモデルといった知識を基盤とした経済）を前面に押し出していきながら「世界を理解する」という新たなビジョンに取り組んでいくと、投資家に言った。そのうえで、この「理解」という行動が近いうちに次のようになると説明した。

「毎日、人々が何十億件ものコンテンツや交友関係を『グラフ』（フェイスブックのアルゴリズム検索のメカニズム）に反映しています。つまり世の中のことを網羅する、かつてないほどに明確なモデルづくりがユーザーのおかげで進行しているのです」

これは一例にすぎない。この手の大言壮語が、シリコンバレーから続々と出てくるのだ。グーグルが使命として「世界の情報を整理し、誰もがアクセスして使えるようにする」ことを掲げているのは有名な話だ。

また、活動量計の「ＪＡＷＢＯＮＥ ＵＰ」が人気のＪＡＷＢＯＮＥのソフトウエア担当バイスプレジデント、ジェレミア・ロビンソンは、二〇一三年の『フォーチュン』のインタビューで、同製品のゴールについて「行動が変化する仕組みを科学的に解明すること」だと説明している。

ツイッターやスクエアのジャック・ドーシーは、起業家が集まった会場でスピーチし、ベンチャー企業はガンジーや建国の父らと同じ足跡をたどっていると語った。

ウーバーの共同創業者の一人で前CEOのトラビス・カラニック（二〇一七年六月退任）は、二〇一四年に発表したプレスリリースの中で、「どこの馬の骨ともわからないようなシリコンバレーの技術系ベンチャーだったウーバーが、成長・拡大に伴って世界中の都市に暮らす何百万人もの人々の生活手段になろうとしている」としたうえで、「立派に戦い抜いてきた」と自画自賛している。

なかなか払拭されない米国経済の沈滞や政治の手詰まり状態とは裏腹に、シリコンバレーのビジョンは希望と楽観に満ちあふれている。その結果、すっかり天下を取った感のあるシリコンバレー流の精神が米国の文化的な生活に浸透していて、ハイテク機器への我々の愛着が深まるにつれて、その精神はますます重要な役割を担うようになっている。しかも、日常生活の中でインターネット上で完結する領域も大きくなっている。

どのコミュニティもそうだが、シリコンバレーにも内部に固く根付いた共通の文化や展望がある。シリコンバレーでは、成功の鍵とされているものだ。「シェアリング・エコノミー」に「リープフロッグ」（途中段階を経ずに一足飛びに大きく発展する現象）、「フェイル・フォワード」(失敗を糧に前進する姿勢)とか「リーン・スタートアップ」(最低限のコストと短いサイクルで仮説を検証しながら市場ニーズを見極めていく手法)など、すっかり言い古されたスローガンが、今では一般の人々の会話にまで使われるようになった。

「シリコンバレー」的考え方

言葉こそ違うが、根底に流れる考え方は同じだ。「何ごとも」技術が解決してくれるということである。そして、その解決策は必ずや革命的なものになるという。

「過去五〇年にコツコツと積み重ねられてきた小さな改良を足がかりに、当社は〇〇の分野で少しずつコツコツと改良を重ねていく」などと宣言してベンチャーを起業する者は、シリコンバレーには皆無である。過去とはきれいさっぱり縁を切り、未来へと一気にジャンプしようとする破壊的な創造を掲げているのだ。

この文化が子供の教育や仕事の進め方、我々の市民意識にも大きな影響を及ぼしている。実際、シリコンバレーは、人文科学に根ざした教育を見下すか、二一世紀の仕事には無関係と切り捨てるかのどちらかだ。

有力なベンチャー・キャピタリストのマーク・アンドリーセンが二〇一四年に自身のブログで公開した「文化衝突」と題する記事で、文系科目が時流に取り残されたものと述べるなど、まさにこうした考え方がにじみ出ていた。

そのうえで「数学、科学、技術に精通していない者は、これからの世の中を理解するのがもっと難しくなる」と指摘していた。

もっと徹底しているのは、ペイパル創業者で投資家でもあるピーター・ティールだ。彼は「ティール・フェローシップ」なる財団を立ち上げ、若き起業家を対象に、大学での勉学に見切りをつけさせ、さっさと起業の道に乗り出せるよう資金援助をしている。

では、こうした考え方で価値を持つものとは何なのか。このイデオロギーの中心にある前提をいくつか分析しながら、我々の知的生活という概念をどう変えようとしているのか理解を深めておこう。「シリコンバレー」的考え方を見るにつけ、センスメイキングがかつてないほどに欠けているし、かつてないほど緊急に必要とされている。

単に製品を売るのではなく、市場を「破壊」する

シリコンバレーでは、そこかしこで「破壊」について語られている。成功する起業家は、従来のやり方を根本から覆そうとする。単に製品を売るのではなく、市場を「破壊」するのだ。この「破壊」に織り込まれている想定を抽出すれば、イノベーションや進歩に関するシリコンバレー流の考え方を深く読み解くことができる。

業界の破壊は、シリコンバレー的にいえば、「ビフォー」と「アフター」を明確に線引きする行為のようだ。そこには、科学的思考が反映されている。つまり、何らかの仮説を提示し、それが最終的に誤りと判明するか、ほかのものに取って代わられるまでは有効であり「正解」と捉えるわけだ。仮説が細かく吟味されてもボロが出ない限り、それまでのやり方よりも高い優先順位が与えられる。とはいえ、それは暫定的な地位であって、いつかは新たな仮説に取って代わられる。常に前進する分野なのだ。

こうした考え方と好対照なのが、連綿と伝わる人文科学の手法だ。知識に明確な線引きをせず、過去の経験に時代遅れとか陳腐といったレッテル貼りをしない。むしろ、そのときどきに覇権を握った勢力や有力な考え方が積み重なって、現代の文化に至った過程に着目する。また、(意図的かどうかを問わず)時の流れや距離的な隔たりのために曖昧になってしまった知識や理解を取り戻す可能性も大切にする。

T・S・エリオットが一九四〇年に発表した『イースト・コーカー』と題する詩に次のような一節がある。

あるのは、失われしものを取り返そうとする戦いだけである
そして見つけては失う行為を繰り返すのだ

だが、ひとたびシリコンバレーの文化に照らせば、プロとして生きていくうえで人文科学がまるで役立たずのように感じられる。破壊は、それまでの出来事を退ける行為だ。シリコンバレーは、これまでに蓄積された知と大胆に袂《たもと》を分かちたいのである。この「破壊」は、不退転の決意で改革に臨む意欲と過去との決別がなければイノベーションはおぼつかないという一般的な考えが反映されているため、比較的若い世代と結びつきが強い。

QS（自己定量化）のムーブメント

シリコンバレーでは、未経験が尊ばれる。リスクを取りやすいからだ。マーク・ザッカーバーグは二〇〇七年にスタンフォード大学で開催されたイベントで聴衆を前に、「単に若い世代のほうが賢いだけのこと」と、昨今もてはやされている考え方を端的に表現してみせた。

これに呼応するかのように、ベンチャー・キャピタリストのビノッド・コースラは、二〇一一年にインド・バンガロールで開催された技術系イベントで「新たな発想という意味では、四五歳を過ぎたら死んだも同然」と言っている。こうした環境では、伝統的な知的生活を否定することは避けて通れないのだ。『ニューヨーカー』誌のジョージ・パッカー記者に、あるアナリストがこんなふうに語っていたという。

「シリコンバレーのエンジニアなら、『エコノミスト』なんて読む気も起こさない」

この態度がはっきりと表れているのは、あらゆるものを数値に置き換える数値化へのこだわりだ。シリコンバレーの若者にとって、知恵や経験の代わりになっているのである。ひと口に数値化と言ってもさまざまなかたちがあるが、その典型が「ＱＳ（自己定量化）」なるムーブメントだ。

このムーブメントに乗っかっている人々は、デジタル機器で自分自身の行動を絶えず記録・定量化している。そこからは、医療、教育、政府から私生活に至るまで、米国社会が定量化志向を強めている大きなトレンドも垣間見える。その動きは、「ビッグデータ」という言葉からも伝わってくるはずだ。

ビッグデータの肝

ビッグデータの肝は、因果関係ではなく相関関係にある。統計的に有意な関係性を見つけ出すことはできるが、なぜそうなるのかという「理由」は説明できない。データセットが巨大化の一途を辿るなか、統計的に有意な相関関係を誤認するリスクも高まっている。とてつもなく大きな干し草の山に大量の針が混入しているようなことになりかねないのだ。

ビッグデータは、そういう事実を説明せずに情報を提供する。エコノミストでジャーナリストのティム・ハートフォードは、二〇一四年に『フィナンシャルタイムズ』に寄せた記事で次のように述べている。

「何世紀にもわたって統計学者や科学者を悩ませ続けてきた問題は、ビッグデータで解決できない。それは、今、何が起こっているか洞察力を働かせて推測し、現状をよくするためにどのように介入していくべきか見極める必要があるからだ」

従来の調査手法の補助としてビッグデータを利用するのではなく、ビッグデータのみを使うようになると、どうなるだろうか。突出した例が「グーグル・インフルトレンド」だ。

二〇〇八年、グーグルの研究者グループは、検索に使われた語句をもとに病気の流行を予測できるのではないかと考えた。グーグルでのインフルエンザ関連の検索結果を取り出し、追跡調査をすることにより、インフルエンザの流行を米国疾病予防管理センター（CDC）のデータより早く予測できるという仮説を立てたのである。

研究者グループはこの手法を「ナウキャスト（現在予報）」と銘打ち、理論を行動に移して、その成果を『ネイチャー』誌に発表した。誰の目にも大成功に映った。グーグルの検索データを見れば、CDCから上がってくる情報より二週間も早くインフルエンザの流行を予測できたからだ。

ところが、このグーグル・インフルトレンドの予測が狂いだす。二〇〇九年の新型インフルエンザ（H1N1）の世界的大流行を見逃したばかりか、二〇一二年から二〇一三年にかけて流行したインフルエンザは、逆に流行していないときまで警報を連発しすぎの過剰予測、つまりハズレに終わってしまった。研究者の推定によれば、二〇一三年までの二年間にグーグル・インフルトレンドが発した予測は、全一〇八週のうち一〇〇週が過剰予測だったという。

なぜ失敗したのか。いろいろな原因が考えられるが、インフルエンザの「シーズン」とは関係があってもインフルエンザの実際の流行とは無関係の検索に対して、グーグルのアルゴリズムが大きく反応しまった点は見逃せない。このため、「高校バスケットボール」とか「チキンスープ」（風邪のときに好んで食べられる伝統的なスープ）といった語句の検索が、インフルエンザ警報の引き金になっていた。

こうした語句は、インフルエンザの症例との因果関係が皆無で、単なる偶然の一致を相関関係ありとしていた。というのも、ビッグデータは「理由」を重視しないからだ。むしろ理由はわからないけれども「風が吹けば桶屋が儲かる」から相関があるという、経験だけで解決しようという発想なのである。

〝ビッグデータ教〟

ビッグデータは人間の偏見を取り除き、演繹思考を取り入れ、帰納的な考え方を切り捨てようとする。十分なデータがあれば、その数自体が何よりの証拠になり、理論など不要というわけだ。だが、グーグル・インフルトレンドの例からもわかるように、相関関係に何かを語らせ、因果関係を見出すには、突っ込んだ分析が欠かせない。ビッグデータがあるからといって、従来の研究手法への依存をきっぱりやめるわけにはいかないのだ。そもそもビッグデータが何を意味するのかを知ろうと思えば、解釈という行為が必ず必要になる。シリコンバレーの思い込みとは裏腹に、ビッグデータが中立になることなどないのである。

ビッグデータの限界が露呈したグーグル・インフルトレンドなどの例があるものの、シリコンバレーのデータ・エバンジェリスト（擁護派）は相変わらず〝ビッグデータ教〟への勧誘に熱心だ。

彼らの考え方の根拠となっているのが、二〇〇八年、『ワイアード』誌に掲載されたクリス・アンダーソン同誌編集長による「理論の終焉」なる記事で、今やその記事は伝説的な存在となっている。同記事によれば、「真実を見極めるうえで、モデルや仮説を基に体系を説明する過去のやり方は、的外れで粗削りの推量になりつつある」。

二〇〇八年といえば、すでにインターネットやスマートフォン、CRMソフトウエアから膨大なデータが生み出されていたころだ。

アンダーソンは、「数字がすべてを物語っている」として、グーグルのリサーチ・ディレクター、ピーター・ノーヴィグらビジネス・リーダーの言葉を引用し、「モデルはどれも間違っているし、そんなものがなくても成功できるようになってきた」と書いている。最終的にアンダーソンは、ノーヴィグのアイデアを基に次のように畳み掛ける。

これまで必須とされたツール類が何から何まで、膨大な量のデータと応用数学に取って代わられる世界になった。言語学から社会学まで、人間の行動に関する理論も片っ端から不要だ。分類学やら形而上学やら心理学やらも、忘れ去っていい。人間の行動の理由など、わかるわけがない。重要なのは、人間は実際に行動していて、我々ができることといえば、その行動をかつてないほどの精度で追跡・測定することだ。十分なデータが揃えば、あとは数字が勝手に語りだす、と。

事実は常に文脈の中に存在する

こうした企業は、データそのものに目的があり、データが大きくなるほど成果も大きくなるという考え方に基づいている。つまり、消費者にとっては良好な結果が生まれ、消費者のニーズや欲求を理解する精度が高まり、社会全体にとって良好な結果となるというのだ。だが、大きいことは本当にいいことなのか。百万単位のサンプル（標本）サイズで世界を捉えるという考え方は、従来の探究方法との完全な決別を意味する。ビッグデータがあれば、国民全体に関して何かわかることはあっても、人間一人ひとりに関することは少しも見えてこない。

例えば人間の行動が常に文脈に深く組み込まれていることを認めずに、シリコンバレー的な見方で、ある状況に関する真実をどこまで語れるというのか。

データに対するこうした無邪気な姿勢を批評しているのが、一九世紀の哲学者でプラグマティストの代表格とされるウィリアム・ジェームズだ。それは、当時の還元主義者に対する見解だった。一八九〇年の著書『*The Principles of Psychology*』（邦訳『心理学の根本問題』）でジェームズは次のように述べている。

「単純な感覚それ自体を持った者は、いまだかつていない。意識（中略）は、数え切れないほどの対象と関係から生まれる」

白鳥といえども、赤い光を浴びれば赤く見える。この白鳥の本当の色を理解するには、光の特性も理解している必要がある。言い換えれば、事実は常に文脈の中に存在するのであって、そうした事実を個別のデータポイントに切り刻んでしまっては、無意味で不完全なものになるだけだ。

摩擦ゼロの技術をよしとする考え方

シリコンバレーで人気を集めている技術コンセプトの一つに「摩擦ゼロ（フリクションレス）」がある。摩擦ゼロであることは、イノベーションのスタンダードと言ってもいい。ある技術が円滑に直観的に利用でき、人間が思考や感情のかたちで何らかの貢献を強いられることがないとき、摩擦ゼロの技術と呼ぶ。こうした例では、技術は実生活の中に溶け込むことになる。

だが、このような技術は人間の思考や努力にとってどのような意味を持つのか。我々の生活の中で技術の役割を当然のことのように捉えるべきなのか、それとも自分が使う技術に対してもっと配慮してしっかり向き合いたくなるような機会や状況があるのだろうか。

摩擦ゼロの技術をよしとするシリコンバレー流の考え方がますます支持を得るにつれ、

人々が素晴らしいと感じるイノベーションとはどういうもので、資金調達や研究に値する活動はどうあるべきかが決まっていく。その結果、可能性に対する我々の意識は広がるどころか狭まってくる。

グーグル元CEOのエリック・シュミットは、二〇一〇年に『ウォール・ストリート・ジャーナル』のインタビューで「グーグルに疑問を解決してほしいと思っている人はほとんどいません。次に何をすればいいのかを、グーグルで知ろうとしているのです」と述べている。ここにインターネット文化、あるいはもっと広く欧米文化や社会生活での微妙な変化が見て取れ、警鐘を鳴らしているように思える。

グーグルでの検索やフェイスブックへの投稿を、考えてみよう。こうした場の要となるアルゴリズムは絶えず変化しているわけだが、このアルゴリズム次第で、友人や世の中の出来事、自分の健康や幸福について得られる情報も変わってくる。

つまり、油断していると、ユーザーのニーズや好みにもっと的確に合わせるという大義の下、我々がアクセスできる情報をシリコンバレーが決めてしまうことになるのだ。

「フィルター・バブル」

注意しなければならないのは、このパーソナル化が人と人との断絶を招くという点だ。自分の見解に沿ったコンテンツばかりを持ってきてくれて、自分の意見にそぐわない人々を遠ざけてくれるようなふるい分けの仕組みがあったら、社会は躍動感を失う一方だ。インターネット活動家のイーライ・パリザーは、これを「フィルター・バブル」と呼ぶ。「摩擦ゼロの技術」には危険が潜んでいる。それは我々のためになにをしてくれて、何をしてくれないかが問題なのではない。我々の思考を誘導するという意味で危険が潜んでいるのだ。データのおかげで、すでに固まっている見解や好みがきっちり反映されたものが黙っていても用意されるのだから、新しい情報を探す理由も人と違うことを学ぶ理由も、討論の枠組みやこれまでの常識の枠組みを押し広げる理由もないことになる。

これこそ、ジャーナリストや解説者、政治評論家の指摘する「ポスト真実の時代」だ。シリコンバレーの流儀に沿えば、確認とか確信の基になる議論や体験に関わることならともかく、真実を積極的に見出すことなどまず気にしなくなる。

むろん、本物のシリコンバレーで、あるいは広い意味でのシリコンバレー的文化から生まれているイノベーションにとてつもないメリットがあることは言うまでもない。シリコンバレー文化がグローバル経済の立役者になるきっかけとなった最先端技術や起業家精神を、完全に排除せよなどと主張しているわけではない。

問題は、シリコンバレーが我々の知的生活をじわりじわりと犠牲にしている点だ。歴史学や政治学、哲学、芸術学などの人文科学、言い換えれば世界の豊かな現実を生き生きと描写してきた伝統が、シリコンバレーで流通する想定一つひとつに踏みにじられているのである。

技術が救世主だとか、過去に学ぶものはないとか、数字がすべてを物語るといったことを信じていると、やがて危険な誘惑の言葉にふらふらと吸い寄せられることになる。真実の断片をコツコツとつなぎ合わせる努力をせずに、特効薬を見つけようとしているようなものだ。

こうしたシリコンバレー流の誤った想定に対して、筆者が提示する是正策がセンスメイキングである。途方もないくらいのコンピュータ処理能力を自由に使える時代になったとはいえ、腰を据えて問題に向き合い、苦悩し、先人らがコツコツと丹念に取り組んできた観察の成果に助けを借りながら、答えを見つけ出そうと努力することを、我々人間は避けて通れない。

本書では、そのためのロードマップを披露していきたい。

第二章　シリコンバレーという心理状態

第三章

「個人」ではなく「文化」を

社会は個人よりも上位にある。共同生活を送ることができない者、あるいは自給自足をしているがゆえにその必要がなく、社会に参加しない者がいるとすれば、それは獣か神である。

——アリストテレス『政治学』

方向感の定まらないパニック状態

シリコンバレーで広まっているイデオロギーの前提内容をじっくり吟味してみればわかるのだが、今日の世界では、人間の行動をかなりの確度で読めると企業や組織がそれなりに自信を持っていても不思議ではない。機械学習や「世の中のありとあらゆること」が詰め込まれたモデルらしきものも出現しており、膨大なデータセットが利用可能になっているなか、ほかに考慮すべきことなどあるのだろうか、人間の行動はもうこれで十分予測可能というわけだ。

だが、言うまでもなく大変化の時代には、企業や組織が先行きに不透明感を抱くことも多いのが現実だ。経営陣は、世界の行方どころか、自分の企業や組織の行方についてさえ、想像力と直観を働かせる力を失っている。

筆者はレッド・アソシエイツというコンサルティング会社でこうした企業のコンサルティング業務に長年携わってきた。なかには、こんなに荒れている企業が世の中に存在するのかと驚いたことさえある。

「荒れている」といっても、別に市場シェアが低下しているとか、社内政治で大混乱に陥っているというわけではない（もっとも、どちらもよくある話ではあるが）。組織全体の文化が、方向感の定まらないパニック状態に包まれていたのである。

この状況を見事に表す言葉が、ドイツ語にある。「Scheue」（ショイ）だ。怖気《おじけ》付くとか、尻込みするといった意味である。元々、スズメバチに刺されて驚いた馬が飛びのく様子を指している。データポイントが把握できないほど氾濫する中で、じたばたもがき苦しんでいる様子を見事に捉えている。

当然、この「ショイ」的な状況を経験するのは、大企業に限ったことではない。個人としての自分自身を振り返ってみるといい。気候変動といった危機にどんな対応をしているだろうか。不安であることは間違いないが、どうすれば長期的視野に立った有意義な方法で前進できるのか見当もつかないことが、往々にしてある。

科学の知識をあれこれ駆使して、試行錯誤をしながら効果的な対応策を打ち出せる人もいるが、ほとんどの人は何の手立てもないままオロオロと動き回り、夜の闇に包まれて恐怖感や不安感に襲われて打ちひしがれるのが、関の山だろう。

恐怖や不安を切り抜けるための道筋

センスメイキングは、この手の恐怖や不安を切り抜けるための道筋を示してくれる。

筆者が使う分析ツールは、哲学、文化人類学、文学、歴史学、芸術学などの分野から集めたものだ。筆者が新しいクライアント企業と仕事を始める際に必ず最初に取りかかるのが、クライアントを取り巻く世界を理解することだ。

ここでいう「世界」とは、もちろんクライアント企業の顧客や競合他社である。だが、もっと根本的には、その企業自体が持つ世界を理解することだ。

その企業によっては、どのように現実が構築されているのか。どのような想定が広く浸透しているのか。社員が何を理由に行動しているのか。従来の慣行に挑む者が報われる世界か。社員は自社製品に好奇心を持てる世界か。仕事が部門から部門へどのように流れていくのか。これはほんの一部だが、こうした質問を通じて、その企業の世界を具体的に描き出していくのである。

企業に所属する会計士やブランド・マネージャー、顧問弁護士の立場で、本社内の部屋を端から見て回ると、それなりに整然とした様子に映るだろう。特に問題はなさそうに見えるはずだ。だが、いろいろな世界に関心を抱いていれば、つまり人文科学を通じて得られた知識があれば、そのような文化の中で起こっていることは往々にして不合理なことが多いものなのだ。

何かに予算を投じている企業にその根拠を聞いてみると、これまでもやってきたからと平然と答える企業がいくつもあることに驚かされる。その一方で、自社のいわば魂として守るべきものをいとも簡単に切り捨てている。

このような決定になるのは、合理化が何となく必要そうだったからとか、競合他社との比較でゴールへの進捗状況を判断しているとか、数字で筋を通そうとしているからだ。その企業がもつ世界に横たわる「現実」を観察する者にとって、そうした判断は意味を持たない。

特に先行き不透明な時代に、そのような判断をしていれば、企業の未来を揺るがすほどの悪影響を及ぼしかねない。

我々が人間たるゆえん

ある世界を全体的に理解するのか、それとも帳簿の一行一行にまで細分化して部分部分で理解するのかで、大きな違いが生まれる。全体的に俯瞰する機会を与えてくれるのが、人文科学なのである。この企業で働くのはどういう感じなのか。あるいは、この企業の製品を使うのはどんな気分か。

こういったさまざまな現実の成り立ちを理解する手立てになるのが、哲学である。第一章で触れたように、この違いは、二〇〇〇年にわたって続いてきた哲学的議論につながる。人間にとって何を意味するのか。つまり、我々にとってどういう意味を持つのか。

例えば、「我思う、ゆえに我あり」というデカルト派の流れをくむ哲学者なら、現実は合理的であり、分析的な思考のプロセスを通じて成立すると考える。我々がなぜ人間なのかといえば、我々が思考をしていること自体がその証拠というわけだ。言い換えれば、人間性は抽象的で理論的な観点から見た世界に近づくときに最もよい状態になるという。

だがさらに時代は下って、この一世紀の間に欧州大陸の哲学者は、現実を分析的に理解する方法とは一線を画するようになっている。この現象学的な伝統を支える思想家らは、むしろ人間性に対する文脈的な理解への関心を強めた。我々がなぜ人間なのかといえば、我々がさまざまな社会的文脈の中に存在しているからだという。

この哲学によれば、我々の共有する世界を理解し、そこに関心を寄せる能力があることこそ、我々が人間たるゆえんだ。デカルト派が、あたかも窓の外を覗くように人生について傍観者的に「思いを巡らす」方法とは違うのである。

センスメイキングのプロセスは、物事についての人々の「考え」を探ることではない。意見や見方は総じて役に立たない。それよりも、人文科学の基礎知識があれば、もっと掘り下げることができる。我々は、さまざまな現実を支配している構造を明らかにすることに関心がある。

「存在を理解する基礎となるもの」

この現象学的伝統の最前線に立っていたハイデガーは、人間だけにとどまらず経験を非常に込み入った世界として捉えるよう提唱した。心と肉体は切り離せず、また人と環境は切り離すことができない世界というわけである。現象学者は、物理学や科学を理解するための道具として科学的手法を排除しようとしたわけではなく、人間を読み解く手法としては不十分であると訴えたのである。

我々が学ぶべき最大のテーマについて、「存在を理解する基礎となるもの」とハイデガーは指摘した。言い換えれば、世界をつくり上げているものは何か。人々の行動の根底にある想定とは何か、ということだ。

デカルト派と現象学的哲学の区別がなぜ重要なのか。そもそも、我々は哲学科の学生ではない。日常生活を送る我々には、どうでもいいことのように思える。多くの方々が同意しているのではないかと思うが、我々は社会的文脈の中に存在しているが、だからどうだというのか。

実は、この区別、つまり人間性を間違って理解していると、我々の暮らしのあらゆる面に幅広い影響が及ぶのだ。危機に見舞われている企業を調査していると、多種多様な人々から「自分はこう考える」と、これまた多種多様な見解を聞かされる。

やがて、彼らの考えだけにとどまらず、いろいろな内容の詰まったメモやら書類やらを持ってくる。続いて、渡されるのが、顧客や競合他社がどう思っているかという膨大な定量的データが出てくる。往々にしてギガバイト単位のだ。これは「思考」に関する膨大な定量的データであり、デカルト派の流儀に沿った人間性の理解から出てきた分析である。

だが、「世界」を研究しなければ、それは基本的には無意味である。万物の根底には何があるのか。万物を支えているものは何か。そうした人々の主張や行動の根拠は何なのか。こうした疑問点を精査して初めて、意味のある前進の道筋を見つけることができるのだ。

ここで、フォード・モーターが、同社製のクルマの利用者の世界にどっぷりと浸かってみたときに、はっきりと見えてきたことを紹介しよう。

高級車リンカーンの香り

フォードの広大な本社の敷地にはたくさんのビルがあるが、その一つに何の変哲もない廊下があり、突き当たりの階段を下りると地下につながっている。だが、地下に下りると、そこはまぎれもないクルマの墓場になっている。この洞窟のような空間は、一見するとボイラー室のようでもあるが、フォードのエンジニアがライバルメーカーの自動車を解体する場なのだ。

古い自動車がずらりと並べられ、そこから取り出した構成部品が近くに積み上げられている。衝突テストの末に焼き切れたタイヤや合金ホイールはフロアの反対側にまとめられている。「油布」やら「使用済みパーツ」やらのラベルが貼られた容器が壁沿いに並ぶ。

埃っぽいフロア、ネオン灯、うなるような騒音の中に大きな鋼製の扉がある。その扉の向こうから美しい温かみのある白い光が、この自動車の墓場を照らし出している。地下につくられたこの飾り気のない白い空間で、フォードは、同社の高級車ブランドであるリンカーンの「未来像」を探るべく、二〇三〇年に向けて、さまざまな台本に沿った体験の筋書きを作り出している。

例えばリンカーン取り扱いのディーラーを訪ねるとシトラス系の香りで統一されていることに気づくが、あれがリンカーン特有の香りなのだ。この香りがオフィスの奥から漂っていて、全社でエンジニアリングの深いところまで染み込んでいる。これが高級感の香りであり、フォードがもっと追求すべきことなのだ。

リンカーンブランドの歴史

自動車業界の関係者でなければ、リンカーンという高級車のブランドがずいぶん前に消滅したと思い込んでいても無理はない。

実際、自動車の話をしてもリンカーンの名が出てくることはまずない。だが二〇一五年、リンカーンは六年ぶりの最高の売り上げを記録し、販売台数は一〇万一〇〇〇台に達している。それでも最大のライバルであるキャデラックには大きく水をあけられている。ＢＭＷやメルセデス・ベンツ、アウディといったドイツ勢も、売り上げ的にははるかに上をいっているせいか、競合市場分析の際にリンカーンをライバルとして認識することはない。

二〇世紀中ごろの創業まもない時代に比べて、リンカーンブランドの凋落は目を覆うばかりだ。フォード・モーターの社長だったエドセル・フォードが一九三八年に欧州を旅したことが、そもそもの始まりだった。

「まさしく欧州大陸風」の自動車の構想を抱えてデトロイトに戻ったエドセル。著名な自動車デザイナー、E・T・グレゴリー（通称ボブ）にこのプロジェクトが託された。

一九四〇年代には、この欧州風モデル「リンカーン・コンチネンタル」が量産体制に入り、旅好きの富裕層が次々に手に入れることになった。それからの二〇年は、エルヴィス・プレスリー、エリザベス・テイラー、フランク・シナトラなど錚々たる面々が、リンカーンのオーナーになった。

リンカーン・コンチネンタルが史上最大の注目を集めたのは一九六一年だ。デザイナー、エルウッド・エンゲルの伝説的なキャリアの中でも頂点を極めたモデルとなったが、ダラスでパレード中に暗殺されたジョン・F・ケネディ大統領が乗っていた黒のリンカーンは、米国人の記憶に深く刻まれることになった。

だが、七〇年代から八〇年代にかけて高級車市場でフォードの迷走が始まる。同社の流麗なデザインが俗受け狙いに変わり、基盤となるエンジニアリングの質も高級車とは呼べない平凡なものが目立つようになる。

やがてリンカーンは、長年のライバルであるキャデラックはもとより、メルセデスやBMWといった海外勢にも押され続けることになった。九〇年代には、自社の別車種にまで顧客を奪われる体たらくだった。リンカーンが大きなシェアを失っていた高級車市場で、フォードのフュージョンやリニューアルしたトーラスが、さまざまな高級車向けの機能・特長を売りにして顧客を奪い始めたのだ。

「存在を理解するための基盤」に立って考える

かつては伝説にまでなったブランドが、今では高級車市場でわずかに五・五％のシェアに喘《あえ》ぎ、顧客の平均年齢は六五歳になっている。同社にとってはもはやお荷物でしかない。経営幹部でさえ、ブランド打ち切りを検討するほどだった。そんなどん底にあったリンカーン・ブランドが、どのようにして再び活気を取り戻したのか。

その謎を解明するためには、まずセンスメイキングの最も基本的な原則に立ち返らなければならない。それが「世界を理解する」ということだ。そこでハイデガーにならって、「存在を理解するための基盤」に立って考えてみよう。

つまり、高級車とその利用者の世界を吟味するわけだが、同時にフォード自体の文化という世界も吟味することになる。フォードの文化では、運転という体験をどのように描いているのか。そして、顧客の世界の現実とどのくらいのズレがあるのか。

まずフォードは、優れたエンジニアリング力で長期にわたって知られている企業である。

ヘンリー・フォードの有名な言葉に次のようなものがある。

「人々に何が欲しいか尋ねたら、きっと速い馬がほしいと答えただろう」

この言葉には、フォード文化の中心にある前提がはっきりと見て取れる。技術的な特長やオプションの種類があるからこそ、クルマに乗る意味が生まれるということだ。そのような前提、もっと言えば「よって立つ基準」があるために、フォード社内で働くそれぞれのエンジニアが個々の構成部品の改良に取り組むのである。

例えばカーナビなら、そこで働くエンジニアの平均像である「白人」の「男性」で「ミシガン州（自動車産業の中心地デトロイトがある州）に暮らす中流家庭の人々」が思い描く理想のカーナビを基準に改良することになる。このようなかたちで作られた構成部品すべてが組み合わさって、一台のクルマが誕生する。フォードのエンジニアにしてみれば、一体感のある魅力あふれるクルマに仕上げようとしているわけだ。

もちろん、どの大手グローバル企業も同じだが、フォードもリンカーンの市場シェアや、既存顧客・想定顧客層について十分にリサーチしていた。リンカーンを時代にふさわしい高級ブランドとして復活させようと思えば、特定の消費者層に訴求する必要があった。従来のリンカーンのユーザー層よりも、若くて教育水準が高く、グローバル志向で独創性がある人々だ。

中国やインドといった地域で二〇〜三〇年前にクルマに乗り始めた中間所得層の人々と違い、こうした若いユーザーは明らかに中間所得層の中でも上位層（アッパーミドルクラス）に当たる。この世代は元々、物質的な豊かさの中で育ったため、派手にパーッと消費することには慎重だ。彼らにとっての「高級」とは、まったく違う概念なのである。三〇年後に高級車購入者の大多数がどのような顔ぶれになるのかをフォードが理解するためには、その「違う概念」というのがいったい何なのかを戦略的に見極めておく必要がある。

「自動車生態系」

同社の調査では、属性情報（顧客が持っている「考え」）や運転者の身体に関する有益な各種統計情報（体重やら人間工学的な情報）といった薄いデータを正確に確保していた。だが、こうした消費者の「世界」に対するフォードの理解は乏しかった。つまり、消費者が自らの現実をどのように構築しているのか、フォードはうまく理解できていなかったのである。人間の体内には組織間をつなぐ結合組織というものがあるが、これにたとえるなら、センスメイキングは、失われた結合組織を見出すきっかけになるのだ。

そこで筆者らは、フォードと手を組み、大規模な民族学的調査プロジェクトを実施し、この特定集団にとってクルマに乗るとはどういう意味を持つのかを見極めることにした。米国や中国の都市部に住む集団から、調査を開始した。高級車市場の未来がインドやロシアに軸足を移しつつあることは調査から明らかだったが、当初、フォード経営陣はこうした国で調査を実施することに難色を示していた。

このような優先事項の対立は、大企業にありがちな話だ。三〇年先のように長期にわたる戦略的なゴールから見れば、新興市場を対象にすることは筋が通っている。どの高級車メーカーもインドに拠点を築きたいのだが、短期的には時間と経営資源が逼迫していてなかなか手が回らないというのが、正直なところなのだ。

調査の準備がすべて整い、ようやく調査グループが米国、中国、インド、ロシアの都市部に暮らす被験者六〇人を対象に調査に乗り出した。調査を開始してすぐに、調査グループは、一人ひとりのドライバーを取り巻く社会構造の複雑なネットワークを表現するため、「自動車生態系」という概念を持ち出した。被験者には、妻や夫、兄弟姉妹、隣近所の人々、友人らと過ごす時間があるからだ。

それから半年ほどかけて六〇人の各被験者に関する知識を積み上げ、知の複雑なネットワークをつくり上げた。フィールドノートや写真、インタビュー、日誌、その他の定性的データから得られる情報を追跡・分析した後、ある特定のパターンがはっきりと浮かび上がった。自動車の未来は、実際の運転の体験とほとんど関係がなかったのだ。

調査グループによれば、全時間の九五％は自動車が車庫か路上に駐車されて使われていないことが判明した。残る五％は実際に運転している時間だが、その大部分は渋滞でなかなか進まない退屈な時間だった。消費者にとってクルマとの付き合いの中で実は運転が占める割合はそれほどまでに小さく、皮肉にもフォードの技術陣はクルマの走りにばかり注目し、肝心の消費者が置き去りにされていたのである。つまりフォードが振り向かせようとしているドライバーは、基本的に渋滞で身動きの取れない人々だったのである。

クルマと人間の関係がもはや運転だけで語れぬ状況にあり、高級感とか贅沢というのはブランド名でも、バンパー上にある金ピカのプレートでもないとしたら、本当の意味はいったいどこにあるのか。車内あるいは車外での体験から、いったい何を見出すことができるのか。センスメイキングには、そんな消費者の世界の枠組みをあぶり出す力がある。こういう新しい「クルマ体験」とはどういうものなのかが見えてきた。

「上質な体験」とは何かを見極める

調査の被験者の一人で、モスクワから参加した男性（三七歳）は、一人でクルマに乗ると気楽で自由を感じると話す。クルマに乗るとロシアのヒップホップミュージックを爆音で流し、リズムに合わせてダッシュボードを手で叩くのが彼の流儀。絶対に人前で見せることのない姿で、あくまでも愛車の中でだけの楽しみだという。

彼に話を聞くと、完全なプライベート空間で自己表現に没頭できるという意味での高級感や上質さが浮かび上がる。

インド・ムンバイに暮らす女性（三八歳）は、親友や家族を乗せてドライブするひとときを大切にしているという。

「みんなで（海辺のリゾート）ゴアに向かってドライブしていて、だんだん暗くなってきたときは楽しいですよ。車内のいろいろなＬＥＤ照明の光に包まれているだけで本当に素敵な気分。快感ですね」

今回の調査では、こうした着眼点や体験を話すユーザーが目立った。この女性の視点から、美しいデザインの空間に身を置き、絆や友情を確かめたり、友人・家族をもてなしたりできることが上質なのだとわかる。

ほかにも、例えばムンバイに住む宝石商の男性（三一歳）などの被験者らにとって、クルマは、やり手の経営者が遠く離れた土地の顧客を丁重にもてなすことができる〝動くオフィス〟であり、こういう空間を持っていることが上質だという。「いつも一貫した対応で、顧客にちぐはぐな思いをさせないことが、ビジネス成功の助けになる」と彼は語る。

最終的にセンスメイキングによって集まった具体的な体験談を通して、消費者が求めているものが明らかになった。絆を深めるための洒落たひととき、自己表現のための空間、集中力や生産性を高めるための環境まで多様なニーズがあったのだ。

このように、自分たちとは違う世界を詳しく知ることで、リンカーンは新たな目標を掲げることになった。革張りシートの手触りだとかヘッドライトの仕様にはまったく関心のないドライバーでも、全体的に感じられる魅力を生み出していくことになったのである。

設計・製造プロセスに取りかかる前に、まず上質な「体験」とは何かを見極める必要があることをフォードは学んだのである。フォードのような企業によるクルマづくりのあり方が、がらりと変わるわけだ。

「意味の連なり」

フォードがこうした体験に着目し始めると、車内の装備を個別に考えるわけにはいかなくなった。窓の開閉スイッチにしてもハンドルにしてもＡＢＳ（アンチロック・ブレーキ・システム）にしても、個々の物体が相互に関係のある世界の中で機能している。これを「意味の連なり」と呼ぶ。

この考え方を発展させていくと、あらゆるツールや装置など我々を取り巻くものは、それぞれにいくつもの目的を達成するためのシステムをかたちづくっていると言える。つまりハンマーは住宅をつくるためのもので、その住宅は安全なすみかを確保するためにあり、その安全なすみかは家庭のためにあり、その家庭はやすらぎのためにある。

筆者がコーラを飲むのは爽やかさを味わいたいためで、その爽やかさは仕事をもうひとがんばりするためであって、もうひとがんばりするのは成功したいからで、成功したいのは愛する家族を支えるためだ。

前出の調査に参加してもらった中国人男性を例に、考えてみよう。彼の自宅にはエスプレッソマシンがあった。イタリアや米国では何でもないことだが、茶の文化が浸透している中国ではコーヒーを飲むことはあまり一般的ではない。一家でわざわざスマトラなどに出かけては珍しいコーヒー豆を入手し、家族みんなで楽しんでいた。

このような探究心は、家族団欒を生み出すための重要な柱になっていた。「意味の連なり」から考えれば、この家族が珍しいコーヒー豆を探していたのは、常に寛大で好奇心あふれる人間であるためであり、それは家族が一番いい状態であるためであり、それは人生を謳歌するためである。

フォードがなぜ高級車の設計プロセスを抜本的に刷新しようとしたのかを本当に理解する

には、他の高級車が購入者に何を約束しているのか、吟味してみるのも手だ。何らかのメッセージが込められた全体的なデザインをデザインランゲージというが、例えばメルセデスやアウディには、今まさにジャンプしようとしている猫を彷彿とさせる男性的なリアヒップ、有名なフロントのダッシュボードなど、クルマが持つデザインランゲージは、ジェット機のパイロットのようにドライバーが前へ前へと突っ走るアドレナリンあふれるストーリーが語られる。

不透明感が漂う自動運転技術

このように、ドライバーはスピードとスリルを求めているというのが、高級車市場の全般的な想定である。

こうした自動車メーカーもフォードと同様に、まるでサーキットのような広々とした道路を前提に夢を語ってきた従来の姿勢から、自動運転車が主流になっていく現実への意識転換に苦しんでいる。フォードと競合する多くのライバル各社が出した答えは、車内での生産性アップという構想だ。高級車オーナーが実際にクルマを運転していないとすれば、仕事をしていることになる。

こうした高級車のイメージ写真では、上質そうな白い回転シートに三、四人が座っていて、

「ＳＮＳ」やら「ブルートゥース」やらのラベルの付いた月並みなボタンや液晶画面が誇らしげに光を放っている。こうした「仕事」を前面に押し出したビジョンは、滑稽そのものだ。あまりにありきたりで、いかにも唐突な感が否めないからだ。本来、オフィスなどの別世界にあるはずの領域を切り取り、十把《じっぱ》一絡《ひとから》げにしてクルマの中にどさっと放り込んだような違和感がある。

ボルボのクルマの場合、自動運転技術の見通しにはさらに不透明感が漂う。同社が描くイメージでは、ダッシュボード前に陣取った利用者が常に前方をまっすぐ見据えている。自動運転車なのだから運転操作をする必要はないのだが、その代わりにどういう自由が生まれるのか、ボルボはまだ魅力的なビジョンを提示できていない。

ボルボが描く自動運転車の利用者は、まるで明らかな危機的状況の真っただ中にいるようで、自動運転車がもたらす新たな自由を前に、思考停止に陥ってしまったかのようだ。

他の高級車ブランドは、高性能なクルマを必死にコントロールしながら時速二四〇キロで高速道路を疾走するといった大胆な体験をエクステリア（外観）で表現するストーリーを描き、車内での「仕事」については抽象的な比喩表現にとどめている。一方、フォードはクルマに乗って利用している実際の人々やその体験を理解することに力を注いでいる。あくまでも、イノベーションや技術はその後についてくるものなのだ。

もちろん、このようなセンスメイキングを語るうえで、大きな戦略転換で経営陣が果たす役割も認めないわけにはいかない。フォードがリンカーンの刷新を望むのであれば、組織構造全体を完全に再編する必要があることもセンスメイキングで明らかになった。これは、小さな国家並みの規模を誇る企業が軌道修正することを意味する。

なにしろ、何千人もの従業員を抱え、一世紀以上にわたって米国文化に深く根ざした長い歴史を持つ組織である。そのようなタイミングで必要になるのが、度胸のある傑出したリーダーだが、マーク・フィールズはその大役を担うだけの資質を備えていた。

個ではなく、全体を見る

リンカーンの問題に対処する中で、すでにフィールズは来るべき自動運転車の未来にフォードを的確に着地させる方策を検討していた。機能に重きを置いていたこれまでの事業構造では戦えないと察したからだ。技術やエンジニアリング頼みでイノベーションを追い求めているうちに、会社全体が実際の消費者から離れてしまっていたのだ。

フォードの戦略変更と並行して、フィールズはセンスメイキングで得られた情報を基に、全社的な職務やプロセスの再編を加速していった。その結果、従業員は自分たちの仕事を「技術ありき」で捉えなくなった。

むしろ、「技術を使って人々やその経験に寄与するにはどうすべきか」を中心に据えるようになった。そして米国の消費者も、自動車産業の中心地であるデトロイトの文化も、自分たちの視点以外は認めないような姿勢を改めることになったのである。

フィールズは、さまざまな調査を通じて集めたセンスメイキングの情報を駆使して、会社全体としての見方をグローバル化し、「顧客」とか「ユーザー」といった抽象的な括りを廃止するとともに、ディーラー、ドライバー、同乗者を中心とした交流に移行している。

今後、フィールズは一つの戦略目標の下に注力する方針だ。つまり、実際の人々とそれぞれの世界の実体験を基に、イノベーションに取り組むのだ。その結果、かつては同社のレゾンデートル（存在理由）だった「クルマ」は、いくつもの世界が相互に関わり合いながら連なる全体の中の単なる一つの物体にすぎなくなる。

自動車メーカーだったフォードは、技術と輸送を組み合わせたサービス企業へと軸足を移している。マーク・フィールズは同社での求心力を高めようと力を注ぎながら、デトロイトから脱却して素晴らしき新世界へと漕ぎ出そうとしているのだ。

我々がどう考えようと、結局は一人では生きていられない。言っていることと、やっていることは往々にして矛盾している。誰もが文脈の中に置かれている。人間の行動を理解しようと思えば、まずこの文脈を理解しなければならない。個ではなく、全体を見なければならないのだ。クルマは単なる物にすぎない。

このクルマに乗っているドライバーと、それを取り巻く交友関係をつないでいる意味の連なりを観察しなければ、このドライバーのことは何もわからないのだ。

世界のことを知れば知るほど、そして社会の文脈によって我々の行動が決まってくる事実を理解すればするほど、読み解く力を養うことの意味がひしひしと感じられるようになる。本章後半では、このスキルを磨くうえで、「堪能」レベルから「達人」レベルに到達する方法について考えたい。

筆者の知り合いにニコル・ポランティエールという女性がいるのだが、彼女に関する話を最初に紹介しておきたい。なぜ突然この女性の話をするかというと、生活の中で共通の文脈を通じてスキルや意味を身につける方法が、手に取るようにわかるからだ。さまざまな世界が存在することの証しを感情の面から表した好例として、折に触れて紹介している。

世の中の主流は何でも細分化・数値化し、我々の知識を薄っぺらいものにしようとしているが、そんな動きに対する防波堤と言ってもいい。ちなみに、彼女の一件は人文科学の威力を物語るものだが、それが脳科学の歴史に関するものというのだから、何とも皮肉な話だ。

才能ある詩人が脳損傷で失ったもの

二〇一二年冬のこと。ニコル・ポランティエールは、量販店「ターゲット」に向かっていた。ほとんどの買い物客にとっては、珍しくも何ともない日常の一コマにすぎない。彼女の目の前に現れたターゲットのピッツバーグ店は、おなじみの赤い標的マークの看板も、巨大なショッピングカートもあり、いつものターゲットの光景だった。

だが、ポランティエールにとって、この一見何でもない外出が大変な出来事だったのである。実は、ほんの二カ月前、コンクリート製の階段を踏み外して転落し、外傷性脳損傷を負ったばかりだった。事故があった二〇一一年一一月四日以降、自宅と病院の往復だけの生活だったため、ターゲットへの外出は二カ月ぶりに外の空気に触れる大きな挑戦だったのだ。

硬膜下出血、くも膜下出血、頭蓋骨骨折、側頭骨骨折、頭蓋底骨折……。神経科の医師との会話では、こうした馴染みのない言葉がポンポンと飛び交うようになった。脳には、新しい情報やすでに保管されている情報を保持・処理する作業記憶（短期記憶）という場所があるのだが、この部分がひどく傷ついてしまったのだ。

「作業記憶は待合室のようなものなんです」と、ポランティエールがたとえてくれた。「情報はとりあえずこの待合室に入ってきて、脳が重要なものかどうかを判定し、不要なものは瞬時に判断を下します。重要そうだと判断すれば、今度はそれが今後五分間重要なのか、それとも五年間重要なのかを決定します」

脳損傷を受けるまでは才能ある詩人だっただけに、彼女の言う「待合室」、つまり作業記憶は詩人としての仕事に不可欠な機能だ。

「これはあとで詩を作るネタになるからちょっと覚えておこうと思うことがありますが、そういうときは、子供のころでも今自分の脳が何かを記憶しているという実感があったものです。キラキラと輝いている素敵なものを目にして、それが頭の中の小さな待合室に入ってくると、『ピンポーン、ピンポーン』ってチャイムが鳴り響くんですよ。こういう情報は脳内の詩作専用のコーナーに保存されていました。『クルマの車両登録（米国では毎年クルマを運輸局に登録してステッカーをもらう必要がある）を忘れない』といった備忘録のコーナーとは明らかに違うと感じていました」

だが、脳に損傷を受けたポランティエールは詩作に取り組むどころではなくなってしまった。かなりの重傷だったため、ターゲットに買い物に行くといった、ごく当たり前の日常作業でさえ難しくなってしまったのだ。

「お店に入ったら、泣きだしてしまったんです。感覚に負担がかかりすぎたんです。頭の中は大混乱です。子供がものすごく興奮すると、その興奮が突然、涙や極度の疲労に変わることがあるんですが、そんな感じでした。あの日、店内の通路に立ち尽くして泣くしかなかったんです」

結局、ポランティエールは自宅に戻り、それから数カ月、神経科、精神神経科などの脳の専門医の診察を受けるとき以外は外出しなくなった。詩が書けなくなっただけでなく、お気に入りの詩や歌詞さえも思い出せないことがあった。

「歌詞の一部を思い出そうとすると、何もかも真っ白になってしまうんです。何十年も前から何度も自分で演奏しながら歌ってきた歌なのに。ど忘れしたときに思い出せそうで思い出せずにもどかしい思いをすることがありますが、それとはまったく違う感覚なんです。サルトルの『出口なし』という作品をいつも思い浮かべていました。何に閉じ込められているのかもわからないんですから。空っぽの世界が延々と続いている。恐怖以外のなにものでもありませんでした」

脳はコンピュータと同じとみなす考え方

ポランティエールには、存在に関して一つだけ疑問が残っていた。それは「どうすれば自分の世界を理解できるのか」という点だ。

シリコンバレーの流儀によれば、その答えは自然科学の中にあることになる。実際、自然科学には、心の動きを理論化する「心の計算理論」と呼ばれる考え方がある。脳が〇と一の数値表現で処理するコンピュータと同じとみなす考え方だ。

この考え方の有力な提唱者が、グーグルの技術部門責任者のレイ・カーツワイルである。彼は二〇一二年の著書『*How to Create a Mind*』（どのように人間の心を人工的につくるか）で、我々の精神や心が脳という巨大なコンピュータを構成する機械的な部品であると説いている。

彼の理論は心のパターン認識理論（ＰＲＴＭ）といい、大脳の新皮質をアルゴリズムの基本機能と位置付けている。我々はすでに、脳の中の認識や記憶、クリティカルシンキング（批判的思考）を司る部分を技術的なプロセスで分解・補強し始めているという。

このシナリオにしたがえば、ポランティエールが陥ったジレンマは、存在に関する判断というよりも、処理能力や診断機能の危機ということになる。カーツワイルなどの科学者によれば、脳は近いうちに取り出されてビット単位で解析されるようになるらしい。

例えば歌詞の記憶を失ったことについて「空っぽ」の感覚だと訴えるポランティエールに対して、カーツワイルなら、ＵＳＢポートのような接続口から脳に歌詞を「アップロード」できる日が来ると慰めるのではないか。

ポランティエールの回復は、心をアルゴリズムで説明するレイ・カーツワイルの考え方とはずいぶんと異なるものだった。転落事故から何カ月も経過したころ、再び自宅から出て日常的な行動に挑んだ。友人宅を訪ねるという行動だ。また、美術館でパートタイムとして働くようにもなった。そうこうするうちに、ついに詩を書いてみたいという気持ちが再び芽生えてきたのだが、そのときは「方法」がわからなかったという。

タマーレの作り方

それから数年経ったある冬のこと。冷え込んだ朝、無性にタマーレ（トウモロコシ粉と具を混ぜてトウモロコシの皮で包み蒸しにしたメキシコ料理）が食べたくなって目覚めたという。さまざまな薬を服用していたために、いつも吐き気があって胃の調子もよくなかっただけに、そもそも何かを食べたいという欲求に駆られること自体、異例だった。

おそらく、さわやかな日差しとか肌を刺すような寒さといった気候の変化か何かが彼女の感覚に刺激を与えたのだ。彼女にとって「タマーレ日和」だったのだ。

自分の意思をきちんと意識できていたわけではないが、ポランティエールは自宅のキッチンにふらふらと入っていったという。手馴れたもので、体が勝手に動きだし、スキレット（鋳鉄製の厚めのフライパン）を熱し始めた。とにかく抑えきれないほどの強い衝動に駆られたという。やがて鉛筆を手に取ると、紙切れに何かを書き取った。

「スキレット、あの日の気分、そしてオリーブオイルとチリペッパーの香り。こういうものが全部組み合わさったということです。これが私の脳の待合室に入ってきたとき、いつもと違う感覚がしました。『これは大切にとっておかなきゃ』と思ったわけです。そして鉛筆を手にとってナプキンに何かを書き始めたとたん、自分が詩を書いているという意識がはっきりと生まれました」

長年、ポランティエールは、クリスマスになるとタマーレを作っていた。ちょうどその日も、クリスマスごろの気候に似ていた。冬がやってきたばかりで、外は肌寒く、太陽は低い位置に見えた。こうした文脈の中で、突然、タマーレの作り方がよみがえったのである。

この文脈に身を置いたからこそ、突然、タマーレの作り方を思い出したのだ。この記憶は、レシピをたどったわけでも、理想的な食事を考えた結果でもない。小さなキッチンのスペースで行ったり来たりした行動、トウモロコシ粉やスパイス類、オイル、火入れで熱々になったスキレットの香りや手触りのおかげで、記憶が戻ってきたのだ。できたてのタマーレを蓋付きのバスケットに入れて粗熱をとっている間、メモを取った紙切れを見ながら、新しい詩を仕上げた。脳損傷を負ってから三年ぶりの詩作だった。「神経可塑性（神経が外界の刺激で変化していく性質）の都市に小道をつくる」ような作業だった。

どうやって言葉を思い出せばいいのか忘れてしまったのです。それは、言葉のようであって、違う使い方をするほかの言葉のようでもあって、別のことを暗示しているような影絵の家のようでもあって、それが全部、私に戻ってくるんです。

脳が処理していたもの

才能ある詩人がまた一からやり直すことは、並大抵のことではない。ポランティエールの復活への取り組みをシリコンバレー流のシナリオに当てはめれば、次のようになるだろうか。「今日は詩を作ろう。窓の外に見える木をテーマにした詩から始めようかしら。じゃあデスクについて、鉛筆を持ったら、言葉を一語一語書き留めてと。セスティナ詩体って何だっけ？　改行って？　これでよし。これで木のアイデアが紙にキャプチャーされたわ」

だが、実際の彼女の能力がこのように再出現したのではない。ポランティエールが、元々持っていた料理や詩作の知識が再び使えるようになったとき、その能力が段階的あるいは個別の作業ごとに増えていったわけではない。心の計算理論にどれだけ説得力があったとしても、ポランティエールの脳が処理していたのは一度に一つの入力や計算ではなかった。

あの冬の日、料理や詩作の全体的な構造がきめ細やかな感覚、手触り、ニュアンスとともに彼女の中によみがえったのだ。人間の脳は、意味や能力が重なり合うさまざまな世界が密接に絡み合ったものであることを、彼女の脳自体が証明してみせたのである。レイ・カーツワイルなら人間の心や精神、芸術を愛する気持ちを、脳内にある純粋な生物学的プロセスとして解析しようとするはずだ。

だが、ポランティエールがタマーレを作っただけで詩作能力を取り戻した事実は、自然科学では十分に説明できない。

文化的な関わりと熟達への段階

むろん、外傷性脳損傷を負う人はめったにいない。詩作のような芸術的才能の喪失(そして回復)とは、そもそも無縁だという人もいるだろう。だから普通の人々にとって、自分自身の認知能力がどういうもので、それを失ったときに直面するつらさなど知るよしもないというのが正直なところだろう。ともかく、ポランティエールは自身の脳を修復しようと並々ならぬ努力を重ねている最中なのだ。

ポランティエールの話には、誰もが共感できる。シリコンバレー文化の主流となっている心の理論とは裏腹に、彼女のケースは、世界を知り、世界について考え、世界に暮らすとはどういうことかを教えてくれる。料理という世界で重要な要素、例えば食材とか皿とかゲストなどを排除してしまったら、包丁を使うことに意味はなくなる。

ポランティエールにとっては、自分が表現したい世界を条件反射的に身体が覚えていなければ、詩作は不可能ということだ。自分の左側にあるオリーブオイルや自分の右側にある紙切れに手を伸ばしているうちに、社会的文脈によって自分の奥深くに眠っていたアクションが呼び覚まされたのである。

著名なハイデガー研究者であり、カリフォルニア大学バークレー校の哲学教授であるヒューバート・ドレイファスは、著書『*Mind Over Machine*』（邦訳『純粋人工知能批判』）の中で、心の計算理論を真っ向から批判する術としての現象学について述べている。ドレイファスの解釈から、ポランティエールの回復やそれが意味するものを読み解くヒントが得られる。人間の学びやスキルを一定の法則にしたがって、理詰めの合理的な判断にまで削ぎ落とすことはできないと、ドレイファスは指摘する。

人間は新たなスキルを身につける際、獲得までの一連の段階を踏みながら進歩していくというのが、ドレイファスの主張だ。

初期の段階は、教科書どおりの基本規則や合理的な判断の応用ばかりになる。だが、段階が進むにつれて、無意識に発揮される研ぎ澄まされた直観が中心になってくる。こういう直観を働かせると、予期せぬパターン同士の類似点を見つけ出し、やがてはかつて聖域とされていたようなルールであっても、例外なく覆す新たなルールをつくり出せるようになる。

ドレイファスの考え方は、弟と共同で構築したものだが、この考え方を土台にすれば、専門家が文化的、社会的文脈に関与しながら高い技能を獲得していく様子を理解しやすい。ポランティエールが詩の「世界」に入り込めるときにだけ詩を書くことができるように、本書でこれから紹介する達人たちは、それぞれが選択した活動分野の世界にどっぷりと浸かっているときに最も実力を発揮する。

これこそ、人間の知性が力を発揮する仕組みであり、まさしく教養のなせる業《わざ》である。ドレイファスはこのように進歩していくさまを分解してみせるわけだが、その五段階の過程を筆者なりの解釈でまとめてみた。

第一段階「初心者レベル」

スキル獲得の最初の段階で初心者が身につけるのは、ある状況の中で「文脈に依存しない」要素に基づいて行動を決定するルールである。あらかじめ身につけたルールに沿って、こうした要素を操作することをドレイファスは「情報処理」と呼んでいる。

例えば、クルマの運転初心者は、上り坂かどうかも、エンジンの回転数も気にすることなく、クルマが一定の速度に達すると変速する。なぜなら、その速度になったら変速すると習ったからだ。あるいはビジネススクールに入学したての学生は、決まって市場シェアと標本調査結果と生産コストをコスト利益モデルに突っ込んで市場分析をしたがる。

第二段階　「新人レベル」

第二段階の学習者は、これまでの経験に基づいてパターンを認識できるようになる。このパターンは「その場の状況に応じた」ものである（第一段階の「文脈に依存しない」ものとは異なる）。例えば、犬の飼い主なら自分の愛犬の吠え方を区別できるし、チェスの選手なら何手も先の形勢を読むことができる。

ソムリエの勉強を始めたばかりの初心者でも、ワインの醸造年度や品種、産地といった文脈と切り離された要素を見て、すでに習ったルールに照らしながら、どのワインが「上物」かを見定めることができる。

だが、こうしたルールだけでは限界がある。あとは、その年度と産地のワインを実際にどれくらい味わってきたかにかかっている。第二段階が第一段階と違うのは、新人は短いながらも自らの経験を応用できる点だ。初心者は、文脈に依存しない基本ルールに全面的に頼るほかない。

第三段階　「一人前レベル」

第三段階では、文脈に依存しない要素も状況に沿った要素も膨大な数になる。このため、目の前の状況に最もふさわしい要素を優先して検討できるように、階層構造の意思決定手順を持たざるを得なくなる。

例えば営業部門の責任者であれば、まず営業目標がすべて達成されているかどうかを判断することになる。もし達成できていなければ、各チームに話を聞いて、数字が伸びていない原因を特定する。全部で四つあるチームのうち三つのチームが、取り扱い品目が多すぎると言っているのであれば、上長にかけあって商品リストの精査を提案する。プロジェクト全体に影響を及ぼしている要素は膨大であっても、この責任者は階層構造をたどりながら判断を進めていくことにより、ごく一部の要素だけに着目している。

チームが苦戦している理由として合理的とはいえない原因があるかどうか、わざわざ見極めているわけではない。このような行動は、与えられた仕事をこなすうえで、過去の経験と教科書どおりの規則の両方を生かした合理的な問題解決法である。

第四段階　「中堅レベル」

中堅レベルは、迅速で流動的、しかも〝複雑〟な行動が可能になる。習ったルールを杓子定規に当てはめるだけでは対応できないレベルだ。過去の経験の蓄積から浮かび上がるパターンを認識できる段階といえる。

中堅レベルになると、目の前にある個々の要素を見て、ルールに照らしてそれぞれの関係性を理解し対処するのではない。目の前の状況を全体として捉えられるようになる。

作家のウィリアム・ギブスンが二〇〇三年に発表した長編小説『*Pattern Recognition*』（邦訳『パターン・レコグニション』）には、独創性のない企業ロゴを目にするや、間髪をいれずに反射的に体が拒絶反応を示す主人公ケイス・ポーランドが登場する。ケイスは、ロゴのどの部分がダメなのか説明できないのだが、ロゴ全体がケイスの反射的な反応を引き起こし、行動を決めてしまうのだという。

第五段階　「達人レベル」

達人の域に達すると、何をするにしてもその関わり具合は複雑を極めるため、頭で考える余地はほとんどなくなる。

「我々が自分の身体を意識せずに生活しているのと同じで、達人としてのスキルが完全に自分のものになると、そのスキルさえも意識しなくなる」

最高峰の達人レベルでは、論理的に考えて意思決定をしているわけではない（言い換えれば状況判断の際に、分析のための要素の分解や組み換えなどを意識的に行うこともない)。「これは、スキルに裏打ちされた熱心な行動だが、そのためにはまず具体的な経験の蓄積があり、さらに、初めて出くわした状況であっても、完璧に記憶に残っている状況と同じように無意識に認識できる能力があるからだ」

例えば、定評ある作家、コルソン・ホワイトヘッドは、二〇一六年の著書『*The Underground Railroad*』(邦訳『地下鉄道』)でパターン認識の過程を詳しく描写している。ホワイトヘッドがある日、「(一九世紀前半に奴隷たちの逃亡を手助けするために実在した秘密組織の名称である)『地下鉄道』が、もしも本物の地下鉄道だったら」とつぶやいたときに、反射的に強烈な衝動を覚えたという。

これに着想を得て、直観を駆使しながら、幼いころから馴染んできた小説やドラマの印象的な場面を織り込みながら物語を組み立てていった。ホワイトヘッドは、『ニューヨーク・タイムズ』の取材に次のように答えている。

「僕が夢中になった物語の中でも、記憶に残っている一番古いのは『トワイライト・ゾーン』の再放送ですね。奴隷の少女コーラが文字どおりの地下鉄道を降りて地上に出ると摩天楼が目に飛び込んでくるんですが、これは『トワイライト・ゾーン』でおなじみの光景です。歩み出す方向を間違えると、突然、異世界に引き込まれてしまうわけです」

身体の記憶で動く

達人級の腕前を仕事に生かせるようになると、その効果はとてつもない。世界を明らかにする能力があるから、ワクワクするような方法で新たな世界への可能性に道を開く。

ＮＢＡバスケットボールのニューヨーク・ニックスの花形プレイヤーで、オックスフォード大学でローズ奨学生となり圧倒的な人気を誇っていたころ、米国大統領候補にもなりかけたビル・ブラッドリーを覚えているだろうか。作家のジョン・マクフィーは、一九六五年に『ニューヨーカー』誌に寄稿したエッセイでブラッドリーを次のように紹介している。

「あの肩越しのシュートは衝撃だった。まったくゴールを見ることなく、後ろ向きにシュートをしてそれが入ってしまう。自分がどこにいるのかわかる位置感覚を磨けば、いちいち見る必要がないと彼は言う」

行動のあるべき流れを決めるのは、本人ではない。状況全体から直接浮かび上がってくるものなのだ。（頭で考えるのではなく）身体の記憶で動くという興味深い経験なのである。

ジュディ・ガーランドが一九六一年のカーネギー・ホールでのコンサートで披露した歌声は、まさにそんな一コマだった。米国のショービジネスの歴史の中でも最高峰のステージだったと多くの人々から賞賛されている。ウーピー・ゴールドバーグは二〇一一年に『ヴァニティ・フェア』誌でこんなふうに語っている。

「彼女が『降っても晴れても』を歌っているとき、曲の最後にステージ上で炎のように輝くんだけど、あれを見るたびに、私、絶対に役者になりたいって思ったの。曲の終わりに彼女の姿はまるで神の恩寵を受けているかのように輝いていたわ。今にも木の蕾《つぼみ》が開花しようとしているかのように、彼女が声を震わせて。そのとき、少しだけ音を外すんです。ほんのちょっとだけね。でも、そんなことは問題じゃないの。だって、赤々と燃え盛っているんだから」

達人レベルもこの域に達すると、それを見た者はあたかも神秘体験をしたかのように語りだす。達人本人が熱演しているというよりも、達人を通して見事な熱演がほとばしるかのような印象を受けるのだ。

「そこにないものを演奏する」

ここまでに見てきた例では、音楽やスポーツといった分野で観客を前に優れた技を見せる達人にスポットライトを当ててきたが、そこまで劇的とは言わないまでも、同様の現象はあらゆる分野の仕事で達人らが見せている。

教室に集まった幼児たちを見事に操る幼稚園の先生、さまざまなデータをにらみながら最終的に適切な診断結果を導き出す医師、上司の多忙な日々のあれこれを上手に仕切る秘書……。こうした例は、本人が自覚して理詰めで処理するプロセスというよりも、一つの世界にどっぷりと浸かり、直観的な流れでこなしていく達人技なのだ。

ジャズ・ミュージシャンがクラブに集まってきて、初めて一緒に演奏する場面を思い浮かべてみよう。メンバーが若手ばかりなら、ふだん練習スタジオで演奏しているとおりに演奏するだろう。彼ら自身や〝彼らの考える〟完璧な楽曲という視点のみで演奏する、いわば個々が孤立した存在だ。ルールに縛られているのだ。

一方、経験豊富なミュージシャンたち、つまり達人レベルなら、メンバーが一緒になったとたん、セオリーだとか想定といったものが通用しないことなど百も承知だ。ステージに立つまでには何千時間もの練習・実演を重ねてきた過去がある。テクニックは完璧だ。彼らは、クラブのドアを開けた瞬間から微調整を始める。

会場の温度を体で感じる。自分たちの音を聴きながら、誰が攻めの演奏をしていて、誰がやや控えめなのかを見極める。外の通りを走り去るサイレンの音に気づくや、まるで同じモチーフを繰り返すようにビーッビーッという音を巧みに曲中に取り入れたりする。

ジャズの巨匠、マイルス・デイビスは「そこにあるものを演奏するんじゃない。そこにないものを演奏するんだ」と言っていた。

この「そこにないものを演奏する」ために、センスメイキングがある。ずらりと並んだルールの行間を見つけることが第一歩だ。ひらめきを得ようと思えば、文脈を掘り下げ、その世界にどっぷりと浸かるしかない。

だが、そのためには、まず厚いデータか薄いデータかを問わず、あらゆるデータと自分自身の関係性を注意深く眺める必要がある。自分が知っているということをどうやって「知る」のか。どのような知識があれば、市場に関する優れたひらめきに自信を持って取り組むことができるのか。

第三章　「個人」ではなく「文化」を

第四章

単なる「薄いデータ」ではなく「厚いデータ」を

本書は〝文芸経済学〟なるものに関する評論である。この〝文芸経済学〟とは、数理経済学や計量経済学、あるいは（双方を包含する）数量経済史に対立する概念として、軽蔑的な意味も込めてそう呼ばれている……。ある同僚は、研究に色を添えるために数学モデルを提供してくれた。これはこれで一部の読者にとって有益なはずだが、筆者にとってはそうではない。

――チャールズ・キンドルバーガー『*Manias, Panics and Crashes: A History of Financial Crises*』（邦訳『熱狂、恐慌、崩壊　金融危機の歴史』）

三人の為替トレーダーの話

一九九二年九月初旬のある日、ニューヨークシティ七番街の雑居ビルにあるヘッジファンドのオフィスに三人の為替トレーダーがいた。カーペットのはがれをガムテープで応急処置をした部屋のど真ん中には、古びた会議テーブルが置かれている。このお世辞にもきれいとはいえない空間が、九〇年代の記念碑的な投資の場（であるとともに、とてつもない利益を生み出した場）になると誰が予想できただろうか。

三人の男は、さまざまなデータ分析に目を通しながら議論の真っ最中だった。だが、この貴重そうなデータには、スプレッドシートもベンチマーク分析も数理モデルも含まれていなかった。実は三人は、傷ついたプライドとはどういうものか、自治国家としての野心とはどういうものか、その両方について共感を持って理解するのに欠かせない厚いデータを解明していたのだ。具体的には、ドイツ連銀総裁ヘルムート・シュレジンガーと英国財務大臣ノーマン・ラモントのつばぜり合いの真意を推し量ろうと躍起になっていたのである。

その年の初めのマーストリヒト条約調印を受けて、欧州主要国の中央銀行は統一通貨「ユーロ」の実現に向けて動きだしていた。だが、このゴールに到達するためには政治、経済、文化の面であらゆる障害を取り除いておく必要があった。

こうした障害のほとんどが、ドイツ連銀「ブンデスバンク」の役割と無関係ではなかった。ドイツがナチス体制に取り込まれていった背景として、第一次世界大戦後のハイパーインフレを挙げるエコノミストは多い。第二次世界大戦後、ドイツ連銀では、過去のナチス時代に対する嫌悪感もあって、安定を脅かす政治的な動きが再び生まれないようにするため、インフレ抑制を最大の目標に掲げていた。

ところがマーストリヒト条約以降、それとは矛盾しそうな課題をドイツ連銀が背負い込むことになった。欧州全体を対象とした新たな為替相場メカニズムの安定化という役割もドイツ・マルクが担うことになったからだ。一九九〇年の東西ドイツ統一で国内のインフレ圧力が強まり、ドイツ連銀は利上げに踏み切っている。過去に何度も打ち出してきた措置だ。

だが、同じ欧州でも英国やイタリアなど一部の国が景気後退や低金利になっている一方、ドイツの利上げが続いたため、流動資産はドイツ・マルクに流れ込んだ。ドイツ連銀の通貨政策を受け、特に安い英ポンドとイタリア・リラは、為替相場メカニズムの変動制限幅の下限いっぱいで取引される状況にあった。

それまでドイツ国民に最高の利益がもたらされるような政策を優先してきたドイツ連銀が支配力を強めるにつれて、突如として欧州単一市場という大きなビジョンとの軋《きし》みが生じたのである。落とし所はどこにあるのか。ドイツ連銀は最終的に独自のインフレ抑制政策を取るのか、それとも、通貨統一という夢がしぼまないように欧州諸国との連帯維持を取るのか。ヘルムート・シュレジンガーとノーマン・ラモントは、晩夏から初秋にかけて何度もギクシャクした会談を重ねてきたが、テーブルを拳で叩きながらドイツ連銀に対応策を要求するなど、見るからに厚かましいノーマン・ラモントの姿勢にヘルムート・シュレジンガーは激怒する。

そしてドイツは交渉を打ち切り、蔑視する姿勢をもはや隠そうとはしなかった。シュレジンガーはある公開討論の場で、金利についていかなる措置も保証する気はないと宣言する。後に、欧州各国の中央銀行間での固定通貨という考えをあまり信用しないとも語っている。

ポンドの空売りが一番儲かる

さて、ニューヨークに話を戻そう。例の三人のトレーダーは、これから始まるドラマに注目していた。ラモントはシュレジンガーに無理難題を迫りすぎたのか。シュレジンガーの政治的野心は欧州にあったのか、それともドイツ連銀とドイツの自治権にあったのか。英国政府は、短期モーゲージで過大な債務を抱えているなか、利上げにどれほどの欲望を持っていたのか。

例の三人の投資家のうち、一人はこのニューヨークのヘッジファンドの代表だった。彼はドイツで開かれたシュレジンガーの会見に出席したことがあった。会見後、もう少し具体的な情報を手に入れようとシュレジンガーに直接話しかけた。欧州の単一通貨というゴールには基本的に賛成なのかと迫った。

するとと、さすがにドイツ連銀で今の総裁の地位まで上り詰めたエリート官僚とあって、「単一通貨という構想は悪くないが、個人的に唯一関心がある通貨の名はドイツ・マルクだ」と答えたという。

マクロ経済的な詳細はともかく、今回の対立の流れに見られるエゴや政治工作、忠誠心、傷ついたプライド、野望といった重要なポイントは、リベラルアーツ系大学が学生に課している課題図書リストにいくらでも出てくる。こうした人間の特徴は、有名なシェークスピア劇やトゥキュディデスの歴史に関する著作には必ず登場する。

件《くだん》の三人のトレーダーのうち一人が立ち上がり、黒板に現状を示す確率ツリーを書いてみせた。登場人物やそれぞれの状況を考えれば、ドイツ連銀が特にイタリアや英国の通貨やその切り下げを支援せず、インフレ抑制政策を選ぶという推測はなるほどと思わせるものだった。

すでに景気後退が進んでいた英国で利上げとなれば、国民生活に直接被害が出る。新しい為替相場を維持するには、ドイツの物価上昇、英国の物価下落、為替相場による調整のいずれかが必要と判断した。

この三つのシナリオから、三人は次のように考えた。

ドイツは、第一次世界大戦後の超インフレで貨幣価値がゼロになったこともあり、歴史的にインフレにいつまでも耐えるとは思えない。英国経済は短期モーゲージ市場の問題を抱えていて、デフレを受けいれられそうにない。となれば、結論は明らかだ。為替相場で調整せざるをえない。英国ポンド安はまず確実だが、ドイツ連銀は救いの手を差し伸べる気はない。三人揃って納得の筋書きだった。投資の可能性としては、ポンド空売りが一番儲かることになる。簡単な話だった。

「で、英国中央銀行が三カ月ほどで切り下げを受けいれる可能性はどのくらいあるのか」

一人が尋ねる。

黒板に図を描いた男が答える。

「たぶん九五％くらいでしょう」

三人は一瞬黙り込んだ。あくまで為替投機の範囲内でポンド空売りに打って出てしくじれば、持ち高の一部を失うことになる。だが、ポンド空売りが成功すれば、一五〜二〇％も持ち高を増やすことになる。

「二〇％のプラスに賭ければ勝ち目は九五％か……」

三人の沈黙がすべてを物語っていた。

やがて三人のうち、リーダーであるファンドの経営者が右腕の外為投資の専門家に尋ねた。

「この勝負、いくら賭ける？」

「資本の三倍でしょうかね」

その時点で同ヘッジファンドの資金は五〇億ドルだった。その三倍といえば、一五〇億ドルだ。ポンド空売りが成功すれば、つまりポンド安が進行すれば、英国中の銀行は経営破綻に追い込まれ、そのあおりで欧州全体のマクロ経済政策のファンダメンタルズは大混乱に陥る。

そうなれば、将来にわたって金融業界全体に影響が及び、西欧全体の金融規制当局から監視を受けることになる。しかも、世界一悪名高く、世界一賞賛される投機筋として脚光を浴びることにもなる。

しばらくして、リーダーが冷静に決断を下した。

「じゃあ資本の三倍でいこう」

リーダーは立ち上がり、部屋から出ていった。

ジョージ・ソロスが儲けられたわけ

一九九二年九月一六日、いわゆる「ブラック・ウエンズデー」の翌日、おびただしい数の投資家が一儲けしたが、やはりダントツだったのは、この三人組だ。

その名は、稀代の投資家ジョージ・ソロス、その後継者のスタンリー・ドラッケンミラー、当時のチーフ・ストラテジスト、ロバート・ジョンソンである。ソロスは「イングランド銀行を潰した男」として名を馳せた。英国政府は最終的に白旗を揚げ、欧州為替相場メカニズムからの離脱に追い込まれる。人為的な利上げでポンド防衛を数週間にわたって続けた末の敗北だった。

結果的に英国の三八億ドル損失のツケは国民に回され、ジョージ・ソロスの個人資産は実に六億五〇〇〇万ドルにまで膨れ上がった。

一説によれば、ソロス率いるソロス・ファンド・マネジメントがこの取引で稼ぎ出した利益は一〇億ドル以上だったという。かつてイタリアのフィアットの経営者に、フィアットグループ全体のオーナーでいるよりも、一九九二年時点でクォンタム・ファンドの一株主でいたほうがずっと旨味があったと言わしめたほどだ。

あのニューヨーク七番街の一室で、いったい何が起こったというのか。三人は、どのようにしてこれが大勝負のタイミングだと知ることができたのか。世界中の金融機関が一連の出来事を注視していたにもかかわらず、数ある投資家の中でなぜジョージ・ソロスだけが公表されていた事実だけでなく、表に出ていないことやその理由まで考慮して、この一連の流れ、つまりは文脈から多くのデータを取り出すことができたのか。

「反証可能性」という概念

ソロスがこの決定的瞬間を捉えることができたのは、長年にわたって人文科学の思考に慣れ親しんできたからだ。投資の世界で名を馳せるはるか以前、一九四〇年代末から一九五〇年代初めにかけてロンドン・スクール・オブ・エコノミクス（ＬＳＥ）で哲学を学ぶ学生だった。

そんな彼にとって、哲学者カール・ポパーは学術面での憧れの的であり師でもあった。師匠であるポパーは、自ら提唱する「反証可能性」という概念に基づく知的厳密さをソロスに叩き込んだ。この反証可能性とは、自分の正しさを証明するのではなく、自分にいかに誤りがあるかを絶えず証明しようとする姿勢である。

科学哲学の大家であるポパーの特徴は、科学的手法を取り巻く確実性へのあくなき追求だった。ある仮説をどう検証しても死角がまったく見当たらないときに初めてその仮説は効力を持つという姿勢だ。だが、どれほど検証を繰り返そうが完璧の域には達しないと、ポパーは強調する。

一九五六年に著した『*Three Views Concerning Human Knowledge*』の中でポパーは、「私見によれば、科学者ができることは自らの仮説を検証し、自ら考え得る検証方法のうち最も厳格な検証方法に耐えられないものは、すべて排除することに尽きる」と述べている。

元々、ソロスは哲学専攻の学生として、こうした考え方に魅了されたのだが、「反証可能性」を彼なりに解釈して市場システムに応用すれば、とてつもない効果が期待できると気づく。そこでこの徹底した検証姿勢を自分の投資活動に取り入れ、市場の展望に関する自身の確信度を反証していった。

ソロスは、第二次世界大戦中のナチス占領下のハンガリーで幼少時代を送ったことがあるため、その哲学的世界観にも共鳴した。ポパーは、著書『*The Logic of the Social Sciences*』（邦訳『社会科学の論理』）の中で、「安全で確実な裏付けがあると信じていても、実のところ、例外なく不安定で流動的な状況にあるものだ」と述べている。

幼いころ、戦争を招く不安定化要因を目の当たりにしてきたソロスは、一本調子ではない複雑怪奇な歴史の動きにとりわけ敏感だった。政治の世界の大きな事件も、往々にして人間同士の冷遇や侮辱といった一見些細な出来事に端を発していることに気づいた。

理性の固まりのような通貨政策やら条約やらも、皮一枚めくれば、そこには縄張り争いや憤りの感情、傷ついた自尊心がうごめいているのだ。

ソロスが使う物事を「理解する方法」

残るスタンリー・ドラッケンミラーとロバート・ジョンソンは、もっと一般的なコースで経験を積んできたエコノミストだった。

ドラッケンミラーは学術界からの転身組で、石油アナリストとしてこの世界に足を踏み入れた。ジョンソンはマサチューセッツ工科大学（ＭＩＴ）で経済学を専攻し、プリンストン大学で博士号を取得している。どちらも、ソロスの経営スタイルの下で頭角を現した。ソロス・ファンド・マネジメントには、人文科学的思考の文化が根付いていた。

だからこそ、三人ともデータに潜む文化的な文脈を掘り出そうとしたのだ。この独自の方法についてロバート・ジョンソンに尋ねると、次のように説明してくれた。

「あのときのデータは大部分が数字ではなかったのです。必ずしも、定量化してスプレッドシートに落とし込めるものではありませんでした。経験だったり、新聞記事だったり、人々の反応に関するストーリーだったり、会話だったり。いわば物語的なデータでした」

これこそ、筆者の言う「厚いデータ」である。では、なぜ「厚み」が生まれるのか。機械学習で薄いデータが洪水のように生み出されている時代に、なぜ厚いデータが重要なのか。この疑問を解明する前に、四種類の知識に光を当てたい。

物事を「理解する」方法、といってもいいだろう。光を当てるうえで道具になるのが、哲学という分野だ。哲学を通じて見ると、我々が薄いデータ（文脈的な意味を削ぎ落とした数字）をありがたがる傾向と、その思い込みのせいで文化的洞察が得られなくなる仕組みが浮かび上がってくる。

四つのタイプの知識

我々は、自分が何かを知っているということを、どうやって知るのだろうか。自分があることを知っていると、なぜ自信を持って言えるのか。

哲学者たちは二〇〇〇年以上もの長きにわたってこの問題を考えてきた。自分が椅子に座っていることにせよ、$a^2+b^2=c^2$という数式にせよ、シェークスピアが権力というテーマを扱った偉大な詩人であったことにせよ、我々は本当にわかっているのだろうか。

哲学と無縁の世界に生きている人々にとっては、こうした問題を二〇〇〇年以上も議論しているのは馬鹿げているようにも見える。だが、我々が物体を落とせばそれが落ちるということを、我々はどのように知るのか。目を閉じたときに、自分の周りに本当に何らかの世界が存在するとどうしてわかるのか。

哲学者たちは膨大な時間を費やして、こうした疑問を考えてきたのである。そこから得られた洞察は、決して軽視できない。そこで、薄いデータの特徴である、抽象的な「理解」の方法、つまり客観的知識から見ていこう。

1．客観的知識

客観的知識は、自然科学の基盤である。「二＋二が四であることを知っている」「このレンガの重さが三ポンドであることを知っている」「水が水素原子二個と酸素原子一個からできていることを知っている」……。

この手の知識には、本当の意味での視点や物の見方はない。だから哲学者トマス・ネーゲルは一九八六年の著書『*The View From Nowhere*』（邦訳『どこでもないところからの眺め』）で、このような知識を「どこでもないところからの眺め」と表現している。客観的知識は、同じ結果になることを何度でも検証できる。アリも原子も小惑星も、客観的知識にしたがって観察や測定が可能である。その主張内容に再現性があり、普遍的に有効であり、実際の観察結果に一致しているからだ。

客観的知識を支持する人々は昔からさまざまな枠組みを提示してきたが、その歴史をさかのぼると実証主義にたどり着く。これは一九世紀の哲学運動で、何事も観察者の先入観や価値判断を排して評価することを標榜した。産業革命華やかなりし一九世紀が機械の時代でもあったことは、偶然ではない。

科学は合理的で客観的であり、人知が事実上あらゆるものを制するとの信念を背景に、人々が楽観論の波に乗っていたのも、まさにこの時代だ。科学の進歩で農業や輸送が近代化され、国や大陸を越えたモノの移動が実現し、製造工程の自動化で大量生産が可能になり、拡大する裕福な中産階級のニーズを満たすことになった。

客観的に計測して結果を保証できるという考え方が基になって、生産志向の文化が育った。企業が生産性強化や利益拡大に注力するなかで、この文化は栄えていった。客観性への病的なまでの執着に加え、「現実主義」の新たな美学が出現する。例えば舞台芸術家は、ステージ上に街並み全体を再現しようと苦心した。理想像の街ではなく、あくまでも現実そのままの生活を再現しようとしたのである。

一方、ゾラやフロベールといった作家は「男性らしい男性」や「女性らしい女性」の客観的現実に注力した。フロベールの『ボバリー夫人』に登場するボバリー夫人は、単に恋愛に憧れる主婦という設定だが、そんな登場人物さえも徹底的に細部まで検証を重ねるほどだった。

もちろん、二〇世紀の芸術や哲学の軌跡を少しでもかじった者なら、こうした確実性、客観性、論理的思考には、たちまち疑念や主観性、不条理が夢や潜在意識のかたちで襲いかかることを思い出すのではないか。自然科学分野の多くが客観的知識の科学的「現実主義」から乖離していったように、人文科学も同じような動きが見られた。

例えば、アインシュタインの相対性理論は物理学の大きな転換点になったわけだが、ビジネスの世界から発展した「経営学」は、さまざまな知識の中でも客観的知識を重要視する傾向が続いている。

だからこそ、ビッグデータは、量や結果、反復を客観的に計測できることもあって、人々を魅了しているのだ。

ビッグデータは、クリックとか選択とか好き嫌いなど、我々が意識して実行した諸々の出来事を捕捉している。人間を観察できるものだけで捉えようとしているのである。

2．主観的知識

客観的知識の次は、主観的知識である。個人的な見解や感覚の世界といえる。認知心理学の研究対象となる知識本体、すなわち内面生活の表れである。自分自身に関することは、誰もが知識として尊重している。

我々が「首が痛い」とか「お腹が空いた」と言う場合、自分の身体や自分自身に関して自らの知識に素直に従う傾向がある。感覚の領域に属するものを経験した場合、その瞬間に必ず正しい知識として受け止められるのだ。

だが、完全な主観的知識の例は驚くほど少ない。例えば野球の試合の観戦中、周囲の観客がみなホットドッグを食べているのが目に入ると、「お腹が空いた」と言いだす可能性が非常に高いが、これは主観と客観の「はざま」で生じる知識である。これは我々が共有する世界に関する知識であり、厚いデータの威力を高めている大きな理由にもなっている。

3．共有知識

三つめの知識は、客観的知識と異なり、原子や距離のように測ることができないものだ。また、主観的知識とも異なる、公共の文化的な知識である。第一章で紹介した多種多様な「世界」という概念を使うためにも、さまざまな社会構造に対する感受性も必要になる。

言い換えれば、この第三の知識は、共有された人間の経験の領域である。第四章では、このような経験を現象学の成果で分析する方法を見ていく。例えば、ユダヤ人の経験とは何か、米国で働く女性であることはどのような意味を持つのか、急激に都市化が進む中国の都市部に移住する気持ちはどのようなものか、といった経験である。

ソロスらにとって、この第三の知識はあの大勝負をかける際の要になっていた。ドイツにおけるインフラの経験はもちろんのこと、戦後の通貨政策にその経験がいかにはっきり表れていたかも含め、しっかりとした「知識」が三人にはあったのだ。ロンドンの街並みの雰囲気だとか、利上げで英国が困窮している様子も、三人は「知識」として持っていた。

これは誰でも知っている普遍的な知識ではない。必然的に状況に依存した知識だ。内面的な知識ではなく、むしろ古くから人々に共有されている知識である。我々がともに経験している状況や認識である。

彼らは、大きな出来事、ここで言えばポンド切り下げを追いかけていたが、投資のチャンスはその後に続いて起こる第二波、第三波の事態にあった。繰り広げられる劇的な展開に投資家たちは、どのように反応したのだろうか。その後、攻めのシナリオか、守りのシナリオかで、どう変わっていったのか。反応に対して、どう反応すべきだったのか。

そこに漂うムードを読めたかどうか、言い換えれば厚いデータというかたちで理解できたかどうかが、この分析に不可欠な要素だった。

ムードや気分は我々よりも大きな力を持つ。（マンションの）一室どころか、都市、はたまた国をも支配しうる力をもつ。「自分が不安な気分の真っただ中」とは言えても、「不安な気分が自分の真っただ中にある」とは言わない。

元来、気分やムードが社会的なものである以上、これは重要な区別だ。ムードに関して客観的なものなどないし、完全に主観的なものもない。ムードが我々全員の感じ方に影響を与えるのだ。また、ある人の感じ方が周囲の人々の感じ方に影響することもある。ソロスらは、ムードに対する繊細な感性を駆使して、マーストリヒト条約締結後の市場動向に続く興奮や混乱の波を分析したのである。

4. 五感で得られる知識

さらに、ソロス率いる投資グループは、身体から得られる第四の知識にもアンテナを張っていた。この四つめの知識は、世界に対するもっと基本的なレベルの理解を通じて、我々がどのように生きているのかヒントを与えてくれる。

例えば、イラクでの活動経験が豊富な兵士は、偽装爆弾に近づいたときに自分の体の中に何らかの「感覚」が生まれるという。これは、五感で得られる知識といえる。

また、ベテランの消防士なら、「第六感」で火の動きを予期することができた覚えがあるだろう。腕のいい救急救命士なら、まだ心肺停止の兆候がはっきりと表れていないうちに、まるでわかっていたかのようにAEDを手にしていることがある。

ソロスは自分の身体が市場システムの〝一部〟になっていると説明する。サーフボードや波の動きと一体になっているサーファーのように、ソロスは市場データを一種の意識の流れとして体感していて、市場データが自身の知覚に複雑に絡みついているのだ。ソロスは仕事仲間や部下に、自分の判断がベストだとどこで感じるかと問う。つまりは、首か背中か頭か腹かということだ。

実は、ソロスが大きな投資をするときは、背中の痛みか寝つきの悪さで決断するという。彼の下で働く別の投資家は、気管支炎のような症状になったら、持ち高に過度の借り入れが発生しそうな虫の知らせとして真剣に受け止めていたという。彼が打ち合わせで咳《せき》をし始めると、ソロスは即座に「そろそろリスクを抑えたらどうか」と声をかけていたという。

知識とパターン認識の融合

身体感覚と市場に関する知識の相関などというと、「何を馬鹿なことを」と笑われるかもしれないし、ソロスの超人的投資家としての伝説ばかりが一人歩きをしているかもしれないが、実は分析を徹底的に重ねるプロセスがあってのことである。

ソロス率いるチームが絶妙な判断を何度も下すことができたのは、彼の背中の痛みに全面的に依存していたわけではなく、上記の四タイプの知識すべてを見事に融合させたからなのだ。センスメイキングでは特に大切なことだが、彼らは四つの知識をどれも重視し、優劣をつけなかったのである。

与えられた文脈からなるべく多くの知識を抽出し、ベンチマークやモデル化はあくまでも道しるべ程度に利用したからこそ、一九九二年にソロスのチームは極めて多くの情報を手にすることができた。それに、ほとんどの投資家は合理的な行動モデルや均衡モデルに沿って意思決定を下すから、ソロスのチームにしてみれば、ほかの投資家の動きを予測するのは簡単だった。

敵の世界を知れば、すなわち、敵の立場になって、敵の視点を理解することに力を注げば、敵より優位に立てる。だから、投資で優れた決断を下すことができるのだ。

数値化できないデータには、まったく歯が立たない

ここで、従来の銀行や投資会社と比べてソロスらの情報収集の過程が根本的に違う点について触れておきたい。

ソロス・ファンド・マネジメントでテーブルを囲んでいた三人はそろって四つの知識に精通していたから、ドイツ国民のプライドも頭に入れつつ、思い切った財政緊縮策に対する英国の意向も重ね合わせて検討していた。これがゴールドマン・サックスとかモルガン・スタンレーといった銀行のスタッフだったら、頭脳明晰で、非の打ちどころもないほど立派な学

歴の数学者や物理学者が考案した数学モデルで分析していたに違いない。

こういうモデルは、憤慨していた英財務大臣ノーマン・ラモント（一九九二年当時）の腹のうちなど数値化できないデータには、まったく歯が立たない。客観的知識という特定のタイプの知識だけを活用するためのモデルだからだ。しかも、こうしたモデルは、グローバルな規模でさまざまなシナリオを当てはめながら、リスクを取るようになっている。

その際、何をするにせよ、一つの重要な想定がある。それは、市場は合理的で常に（つまりは最終的に）均衡状態に戻ってくるという前提だ。リスクと報酬はバランスが取れているから、公正で予測可能というわけだ。このような見方では、そこに登場する人間もみな合理的に行動し、あらかじめ設定した明確なゴールをめざすことになる。

こうしたモデル化はほぼ例外なくロンドンやニューヨーク、フランクフルトあたりのいかにも高級そうなオフィスビルの最上階の一室で重宝されていて、現実の世界とはまるで縁のないような場で使われているのは、注目に値する。この手のデータとモデルで世界を覗き込む金融機関のスタッフは、あたかもグローバル経済全体を理解できているという錯覚を起こす。

何しろ土台にある前提は、合理的な行動と均衡なのだから、わざわざオフィスから外に出向く必要もない。けがれなき美しい世界なのだ。きれいなオフィスに、きれいな想定、そしてきれいな意図。世界の現実の空間や具体的な場に存在しないような膨大なデータは、数学的な美のためだけにあるような知識であって、それを基に莫大なカネを失ったり稼いだりで一喜一憂している。

ヘルシンキの街に繰り出してみる

では、為替取引でソロスの右腕となっていたロバート・ジョンソンは、「イングランド銀行を潰す」うえで、どのような準備を整えていたのか。前年の一九九一年秋、東西ドイツ統一を迫る声が強まっているのを感じ取っていた。しかも、その動きはソビエト連邦崩壊で強まる一方だった。

当時、欧州のシステムはすでに緊張状態にあり、マーストリヒト条約を契機に何らかのかたちでほころびが生じることは誰の目にも明らかだった。ジョンソンは、約二〇億ドル相当のフィンランド通貨（マルカ）のロングポジション（買い持ち）の状態だったが、この投資に疑念を持ち始めていた。その気になればニューヨークかパリのオフィスにこもって、さらに分析モデルを追加して数字を検討することもできた。

だが、次の一手を見極めるために彼が取った最善策は、冬の間、ヘルシンキのホテルに滞在し、街に繰り出してみることだと考えた。

「フィンランド人は酒好き。そこで彼らと一緒に毎晩、カフェ・モーツァルトという店に出かけていた。冬の間は誰もが浴びるほど飲んでいるから、みんな景気がいいなとわかるんです。ところがある晩、客がそれぞれに自分なりの景気に関するシミュレーション結果を話し始めた。マルカの切り下げに備えていたのです。彼らの生の声を耳にすることができました」

翌日、ジョンソンはフィンランドの中央銀行であるフィンランド銀行に出向き、二〇億ドル相当のポジションを手放す意向を表明した。市場に警戒感を与えないようにフィンランド郵便銀行でこの取引を行い、朝一〇時にジョンソンは手持ちのマルカを手放した。すぐその足でニューヨークに飛び、到着するなりフィンランド通貨の売りポジションを取った。

本物の会話を通じて感じ取る

そのわずか数日後、フィンランド通貨は一八％も下落する。ジョンソンはまんまと巨額の利益を手にした一方、他の投資家は軒並み大打撃を被った。

「みんなから『どうしてわかったんだ？　マルカが売られる計画をどうして知ったのか』と尋ねられました。そりゃわかりますよ、現場にいたんですから。フィンランドの人々と話していればピンと来ますから。中央銀行のお偉いさんだけじゃなく、投資家や市場関係者、労働組合の代表者と話してもね。要は経済理論ではなく、生身の人間の感情がこもった本物の会話を通じて感じ取ったということです」

ジョンソンは、この種の厚いデータと、母校のＭＩＴで「正統派」とされている薄いデータとを比較しながら、次のように語っている。

「経済学の数式を理工学部の研究に使ってオシロスコープで応用したときは、完璧に使えました。ところが、労働市場の分野で応用してみたら、結果がまったく意味をなしていない。不思議に思って研究者に『おい、ちゃんとやっているのか？』と不満を口にしたら、逆に『何を偉そうなことを言ってるんだ。こっちは人間を扱っているんだ、機械じゃないんだぞ』と反論されてしまいました」

ジョンソンは、ＭＩＴ時代の恩師である著名なエコノミストで歴史家のチャールズ・キンドルバーガーとの出会いを懐かしげに語る。

「ボストン交響楽団が週末の公演のために毎週金曜日の朝、リハーサルをしていたのですが、その最終リハーサルを見に来ないかとよく誘ってくれました。コーヒーとマフィンの朝食をとってから、リハーサルを楽しんで、その後、しばらくだらだらと過ごしたものです。生きた経済史みたいな方で、マーシャルプランの立案に参加し、『熱狂、恐慌、崩壊　金融恐慌の歴史』といった名著を残しています。そのパターン認識のあり方は、環境や歴史、人間の物語から生まれたものです。金融関係者を前に、この分野で本物の教養を身につけたいなら、デフォーやバルザック、ディケンズの著作はどれも読んでおいたほうがいいと語っていました」

文芸経済学への回帰

学問としての経済学は、先に挙げた四つの知識（厚いデータと薄いデータの両方）を最大限に生かせる活動の好例だ。

では、いったい全体、なぜこんなに多くの人々が経済学は客観的知識の世界だけにあるべしと主張しているのか。偉大な経済学者ポール・サミュエルソンは、一九九〇年代末にＰＢＳ（公共放送サービス）の報道番組『ニュースアワー』のインタビューで、この矛盾に触れている。

経済学は精密科学ではなく、芸術と科学の要素を組み合わせたものです。経済学で学ぶ最初で最後の教訓を挙げるとすれば、我々は厳格さに向かって収束しているのではなく、我々のデータベース自体やその論法を改善しているのだと思います。

歴史家のアイザイア・バーリンは、この独特な教訓について独自の見解を披露している。長い研究者生活のかなりの時間を政治学の研究に投じ、政治的な洞察やリーダーシップの説明を探し続けてきた。二〇世紀の半ばから後期にかけて、著書や論文の執筆中に政治学者や経済学者があらゆる政治システムに通用する普遍的法則や枠組みを見つけ出そうと躍起になっていた。

このような理論があれば、社会団体や政治団体全体が科学的な進歩を遂げられるように誘導できるというのが、彼らの主張だった。要は、政治に合理性を求めようとしていたのである。

バーリンは一九九六年の論文集『*The Sense of Reality*』（現実の感覚）で、この主張を吟味している。この合理的な活動は、現実を正確に反映していたのだろうか。これが政治のあり方として正しいのだろうか。バーリンは、吟味を続ける中で、まったく逆の状況にたどり着く。ジョージ・ソロスのような天才投資家は想像を絶するほど複雑な情報を同時に合成する能力があるが、バーリンは優れた政治指導者に「きわめて平凡で、経験に裏打ちされ、しかもある種の美しさも兼ね備えた」個人的スキルがあることに気づく。

このスキルの特徴を挙げるとすれば、経験を踏まえた現実への主体的な関わり、他者の立場になって理解する力、状況に対する神経の細やかさだ。

「絶えず変化するデータ、多種多様なデータ、はかなく消えゆくデータ、永遠に重複するデータが膨大に融合した知識であって、それがあまりに多すぎ、あまりに変化が早すぎ、相互に複雑に絡み合っている。だから、昆虫採集でいろいろな蝶を一匹ずつ捕獲しては、きれいに並べてラベルづけするようなことは難しい」

こんな知識を見事に総合的に捉えてしまう、稀有な能力といえる。

バーリンの主張どおりだとすれば、この投資家らに備わった天賦の才能とは、データや印象、事実、経験、意見、観察結果などが混在する広大な海で何らかのパターンが「自然と見えてくる」能力であり、しかも、そのパターンをうまく組み合わせて一つの統一された洞察にまとめ上げる能力でもある。

そのためには、「妥当なデータにほぼ感覚的に直接接触する力」が必要になる。言い換えれば、「何が何と相性がよく、何が何から発生し、何が何につながっていくのかを捉える鋭敏な感覚」である。

このスキルは理由、感情、判断、分析を組み合わせる能力であり、バーリンの言葉を借りれば「いろいろな蝶を一匹ずつ捕獲」する能力だ。また、金融投機の文脈では、四種類の知識すべてを基に「行動」に打って出る度胸も必要になる。

反騰と暴落

一九八七年一〇月一九日、ダウ平均株価は二二・六%下落し、一八九六年の同制度開始以来、最大の下落率を記録した。市場専門家はこの日の急落を契機とする今後の動向を見極めようとした挙げ句、まもなく「ブラックマンデー」と命名した。だが、ドラッケンミラーは、過去の暴落と重なるパターンを見分けられると思った。経験と歴史に関わる知識を駆使した結果、相場の急落があると、数日もしないうちに反騰があり、続いて暴落があると読んだ。

一方、ソロスは市場のシグナルを金融工学上の兆候として捉えていた。当時開発されたばかりの金融商品であるポートフォリオ・インシュランスのせいで、不安定なフィードバック・ループが市場にもたらされたと確信した。この商品は、本来、相場が下落した場合に投資家が大幅な損失を被らないように保護するものだが、大量の投資家がこの商品を契約している場合、先物売りが集中して収拾がつかない大混乱に陥る。

一見すると、まるで広い世界の中で、日本の一匹の蝶の羽の話をしているかのように、市場のごく一部で極端な動きがあったように感じられるが、それが最終的には大変な相場変動につながったのである。

ソロスはブラックマンデーの原因がこうした複雑なフィードバック・ループにあり、バブル後に底を打ったかのような市場の構造的変化によるものではないと判断した。だからこそ、ポジションを維持して強気に出たのだ。

だが、一〇月二一日の水曜日、ソロスは、東京市場の値上がりを受けて円の売りポジションが期待外れに終わっていることに気づいた。米国市場が底を打ち、ポートフォリオ・インシュランスによる動揺は、もっと大きな不景気の循環のごく一部にとどまったと理解した。ソロスのファンドは大きな損失を出し、投資家の信頼を失うことになった。ほんの何週間か前まで、ソロス率いるクォンタム・ファンドは前年比六〇％増だったのが、突然一〇％減となってしまった。

ソロスは投げ売り状態のポジションを解消したが、その規模の大きさから市場の全体的な動きにまで影響を及ぼすことになった。ほんの数日で、同ファンドでは八億四〇〇〇万ドルが泡となって消えてしまった。

自らの洞察力を駆使して行動を起こす

ソロスだけではない。狂ったような市場の大暴落に、著名なヘッジファンド・マネージャーらは軒並み白旗を揚げた。

暴落からほどなくしてソロスはあるパーティに出席したのだが、そこには著名投資家数人の姿があった。会場に陰鬱な空気が漂っていたことは、言うまでもない。一時は飛ぶ鳥を落とす勢いだった億万長者の投資家らが、市場の変動を予測できなかったことに意気消沈していた。

伝説のヘッジファンド・マネージャー、マイケル・スタインハルトはゲストを歓迎しながらも、がっくりと肩を落とし、ひどい落ち込みようだった。この仕事から足を洗って、生活をがらりと変えたいと仕事仲間に弱音を吐く始末だった。

ソロスはその時点のムードや市場の状況を敏感に察知していたが、この状況に屈服することはなかった。まるで葬式のように陰鬱な雰囲気の中、自らの洞察力を駆使して行動を起こした。当時、連邦準備制度理事会（ＦＲＢ）議長だったアラン・グリーンスパンが景気刺激策として大幅な金融緩和を打ち出すはずとソロスは睨《にら》んでいた。

その週は、すっかり意気消沈した投資家の大部分が何とか立ち直ろうともがいている最中だったが、ソロスは決して怖気付くことはなかった。外為市場でドルの売りポジションを持った。文字どおり虚勢を張るためのポジションだった。ブラックマンデーでの大負けからわずか数日にもかかわらず、ソロスは再び新たな賭けに打って出た。

後に彼が回想しているのだが、投資のチャンスと見るや、「まるでパブロフの犬のように」文字どおりよだれが出るのだという。予想どおりドルは下落し、見事に勝利を収めたのである。一九八七年末時点でクォンタム・ファンドは再び前年比で増加に転じ、一三％増となった。

こうした情報や経済モデルを入手できたのは、なにもソロスに限った話ではない。実際、一九八七年に例のパーティに出席していた他の投資家もほとんどが同じ条件だった。市場の麻痺状態を回避するため、FRBが金融緩和策に打って出ることは誰の目にも明らかだった。がっくりとうなだれていた投資家であれ、酔って憂さを晴らしていた投資家であれ、有力投資家なら誰でも同じような展開を正確に予測できていたはずだ。

ただ、大きな違いがあったとすれば、ソロスは節度ある振る舞いを維持するよう絶えず配慮していた。直近の損失を淡々と受け止めることができたのも、新たな投資機会に着目していたからだ。目の前で展開される文脈から、自分自身と傷ついた自尊心を取り除くことで、市場の感覚だけを感じ取ることができたのだ。その感覚こそ、巨大な投資機会の一つだったのである。

ソロスは、あらゆるタイプの知識を徹底して受け入れる寛大な姿勢を貫くよう修業してきた。自らの身体と文化的文脈を使い、数値という客観的知識に偏りすぎないように自身をコントロールしていた。

ジョンソンは、次のように説明する。

「自信は意識的に選んで発揮できるようなものではありませんが、ジョージ・ソロスの行動は、意識的に選んだ結果です。ソロスという人間の根底には、自らの能力に対する確信があり、また、その能力にしたがってどのような行動を起こすかという選択に対しても確信がありります。見事と言うほかありません。まさに行動力です。論理的に一番旨味のある行動を選りすぐっているのではないのです。この分野で高いスキルのある人々の多くが、こういう能力を持っています。ソロスが実際に行動を起こしたことは事実です。戦いを離れたところから傍観するのではなく、戦いに飛び込んでいって行動する人なのです」

大気圏から成層圏へ

コロンビア大学で経済学の博士号を取得後、現在ソロスの下で活躍するクリス・キャナバンは、ボスであるソロスとは明確に体質の違いがあるとして、次のように説明する。

「ソロスのようにトレーダーだったころは、『市場が動くかも』とか『動くはず』といった虫の知らせのようなものがあったり、混沌とした考えが頭の中に渦巻いたりしていました。後から振り返って、『自分が正しかった』とか『周囲の状況にうまく対応できていた』とわかるわけです。

ところが、私はそういう自分の勘をあまり信用していませんでした。そういう虫の知らせのようなものに自分の思考を邪魔されたくなかったのです。ここでいう『思考』とは、一種の経験に裏打ちされた行為です。

今、自分がターニングポイントにいると直観的にわかるスキルがあるとしましょうか。あるいは、何かがどういう方向に急展開をするのかさえも察知できるとしましょう。それでも私は、そういう情報や知識を生かすほどの度胸がありませんでした。こういう虫の知らせを数字で表現できなかったからです。データの数字が示しているといった理由ではなく、そうするのが正しいと『わかる』という理由だけで、売りポジションで行きましょうとか買いポジションでいきましょうなどと他人に勧められる人は、ほとんどいませんし」

キャナバンは、始めたばかりのゴルフに熱中していたころに見かけたベテランゴルファーにたとえて、次のように語る。

「ゴルフが上達するにつれて、名ゴルファーの本当のすごさがわかるようになりました」

キャナバンによれば、ゴルフの達人がそばにいるときに、自分の驚くべき認識の変化を感じたという。スキルのレベルでいえば優秀な選手に少し近づいていたにもかかわらず、試合に対する理解の面では、自分が上達すればするほど達人ゴルファーははるかずっと先にいることをますます感じるようになったのだ。

「達人は飛躍的な上昇を成し遂げた末に、いわば成層圏に達していました。でも自分がそれなりの腕前になるまでは、達人が大気圏どころか成層圏にまで達しているなんて思いもよらなかったのです」

この「上昇」は、「すべてのタイプ」の知識に基づいて行動する勇気がなければ、実現できない。

「風や気温、芝目などさまざまな条件をもれなく考慮したうえで、どういうショットにするかを決めるわけですが、これがどれほど複雑なことなのか、並のプレイヤーには想像もつかないのです。それにも増して重要なのは、許容誤差がいかに小さいかを承知のうえで、ショットに挑む勇気が持てるかどうかです」

新しい言語の勉強

ゴルフとかジャズピアノといった分野だと、誰もが達人レベルの腕前の人と縁があるとは限らないが、例えば新しい言語を学ぶ過程なら達人級の腕前を目にした人も多いのではないだろうか。

ドイツ語を初めて習うとしたら、その言語のルール、つまりは文法から覚える必要がある。すると、「この言語はどういう体系になっているのか」とか「どういう例外があるのか」といった疑問が生まれてくる。やがて知っている語彙がそれなりに増えてくると、語句を並べ、文法を間違えないように注意を払うようになる。

そのうち、熱心な学習者なら、ドイツ語らしい長い文の最後に動詞がくるルールに慣れてくる。そして、キャナバンが言うように、大気圏を突き破って成層圏にまで上昇する。あたかも魔法がかかったかのように、あらゆる思考から解放され、緊張感も消えてペラペラになる。

ルール自体は抽象化された原則の集まりであり、これが背後に引っ込むと、この新しい言語をまるで呼吸をするように流暢に話すようになる。こうなれば、しめたもの。思いどおりに言語を操り、言葉遊びも楽しみ、表現のツールとして使いこなせるわけだ。言葉を見つけてくる作業は完全に舞台裏で実行されるので、自分が言いたいことの意味に集中することに全力を注ぐことができる。

本書ではさまざまな人物に登場してもらっているが、この熟達の例では、哲学者ヒューバート・ドレイファスに再登場を願おう。ドレイファスをはじめ、伝統的な現象学を踏襲する哲学者に言わせると、自分が一番得意としているスキルやイノベーションは、意識的な思考の末に生まれた成果ではない。この点は、新しい言語の勉強を例に考えると納得しやすい。だが、多くの企業や団体、教育機関までもが、これとはまるで相容れないやり方を標準として取り入れているのである。こうした組織では、デスクで一人静かに抽象的な概念について思考を巡らせているときに最も優れたスキルが発揮されるのだという主張を、ときにははっきりと掲げ、ときに暗黙のうちに匂わせている。

常識の力

この点についてもう少し理解を深めるには、アリストテレスが提唱した「フロネシス＝実践知」（実践の場で的確な判断を下すための実践的な知恵）が助けになる。アリストテレスによれば、実践知が豊かな人間は、自分が関わっている分野の〝文法〟を超越して活躍できるという。ルールやモデルといった〝補助輪〟が不要になり、文脈を「具体的・現実的」なもの、与えられた「境遇・状況」として受け止められるからだ。

だから適切なタイミングで、適切な方法により、適切なことを実行する。キャナバンが達人ゴルファーの例を挙げていたが、要は、個々の状況への具体的な反応について語っていたのである。文脈がゴルファーから行動を「引き出した」といっても過言ではない。何しろ達人ゴルファーである以上、そのときどきの意味を受け止められるだけのスキルが十分に備わっていたのだ。

キャナバンが、こんなふうに説明している。

「デカルト流の論理思考の虜になればなるほど、第六感やら虫の知らせやら首の痛みやら胃もたれといったものには耳を貸さなくなります。ところが、こうなると、トレーダーや相場師として成功するどころか、ますます不調になっていくのです。

私たちはこのパラドックスを抱えて仕事をしています。よく言われる話ですが、情報は科学的なほど質がよくなるが、その代わりに、別のかたちで入ってくるあらゆる情報が遮断されてしまいます。でも、そういういろいろな情報から遮断されないようにしている人は、多くの場合、周囲の人々に優っています。他者を上回るということは、往々にしてゼロサムゲームですから、自分が勝てば、相手は負けることになります」

ソロスのアドバイス

ソロス・ファンドのシニアトレーダーに話を聞いたことがあるが、彼は四種類のデータをすべて駆使した経験の持ち主だという。ブラジル政府の元超ベテラン・アドバイザーで、何十年も南米市場を手がけてきた古参トレーダーだ。

この二つの経験を生かして二〇〇一年にブラジルでかなりリスクの高い信用取引を手がけたことがある。最初の四半期は順調と思われたが、その後、ポジションが損失を出し始めた。やがて、損失は膨れ上がった。六カ月後、損失が数百万ドルに達すると、ソロスから電話があり、本社に顔を出すようにと命じられた。

「あのときは、自分なりにがんばったわけだし、少なくともジョージ・ソロスの下で働いたという実績づくりにはなったと思いましたね」と笑う。

ところがソロスを訪ね、ボロボロのポジションになった事情を説明しようとしたところ、想定外の事態が起こった。説明を始めて一五秒もたたないうちに、ソロスがそれを制し、そのままポジションを維持するよう伝えたのだ。

「そのまま落ちるところまで落ちていい。もうこれ以上悪化しなくなったら、即座にポジションを倍増させるんだ」

ソロスの指示にほっとしたと同時に、唖然としてしまった。もうこれ以上悪化しないときがくると、どうして「わかる」のか。

指示どおり、このトレーダーは市場を注視し、ひたすら待ち続けた。二週間後、ポジションを確認したところ、下げ止まったように見えた。底入れしたと確信した。その瞬間、ソロスのアドバイスを思い出した。

底を打つや、誰もがポジションを手仕舞いし始めた。だが、彼は深呼吸をしてから倍掛けに打って出た。そして再び待った。

誰もがその場から逃げ出そうと群集心理が働く中、一人とどまって一か八かの賭けに出ることがいかにつらく厳しいものか考えてみるといい。パニックの中、「とにかく脱出するんだ！」と叫ぶしかない状況だ。

だが、彼は自制心を働かせ、冷静にそこにとどまった。ポジションに対する関与責任と、自身の感情を切り離そうとしたのだ。

すると、まるで魔法のように相場が反発した。相場が反発したこと自体は驚くに当たらない。下がれば、いつかは上がるからだ。だが、彼が驚いたのは、底を打った直後に反発に転じる動きだった。

「長年、市場に関わってきた経験から、市場の見方は心得ているつもりでした。でも、そのときの感覚に逆らって大きな賭けに出る勝負の仕方を教えてくれたのが、ジョージ・ソロスです。あのときの投資は分析の結果に沿ったものではなく、市場のパターンを長年にわたって見てきた経験によるものでした。こんな手法は私の中にありませんでしたし、うまく説明することもできません。ですが、損失の何倍も取り返すことができたのです」

最高の成績を叩き出す商品トレーダー

こうした従来とは異なる状況把握の方法はいろいろあるが、信じられない光景を目にした体験をクリス・キャナバンが教えてくれた。それは一九九七年のこと。学業を修めた後、ゴールドマン・サックスに就職し、商品取引の部門に配属された。ここで、自分が身を置く世界の真実に困惑を覚えるようになる。

平均的な商品トレーダー、つまりは金や原油、天然ガス、パラジウムなどの商品を取引するトレーダーは、外為のトレーダーよりも三〜五歳ほど年上の人が多かった。また、商品トレーダーは一般に外為トレーダーよりも知的ではないと見られていた。学歴もいわゆるアイビーリーグの有名校出身ではなく、有力企業でのインターン経験もない面々だった。

とはいえ、商品取引部門はゴールドマン・サックスでまぎれもない稼ぎ頭だった。実際、商品取引分野の利益率では、過去何十年にもわたってゴールドマン・サックスが屈指の地位を築いていた。客観的に見れば、社内で一番の秀才グループとはいえない商品取引チームが一貫して優れた成績を残していたのは、なぜか。

ある夏、メキシコ湾沿岸にハリケーンが襲いかかり、上陸後にさらに内陸のルイジアナ州方面へ進路を取っていた。石油や天然ガスなどが産出される地域だ。キャナバンの目の前で、商品相場は混乱に陥っていく。だが、大荒れの市況にもかかわらず、商品トレーダーらは淡々と取引を続けていただけでなく、最高の成績を叩き出していることに気づいた。

「彼らが扱っていた商品は、原油や石油精製品、つまり精製所に持ち込まれる原料か、そこから出てくる加工品かのどちらかで、その取引を二〇年も一筋にやってきた面々です。ハリケーンの進路上にどういう石油掘削施設があるのか、必要な情報を空《そら》でいえるほどで、いちいち調べる必要さえないわけですから、言ってみれば自分の庭にいるようなものです。しかも、それだけではなく、メキシコ湾沿岸や大西洋沿岸の精製所のうち、ハリケーンの影響を受ける掘削施設から石油供給を受けている精製所も完全に把握できていたのです」

そして、こうしたトレーダーが誰ひとりとして数学モデルなど使っていないことに気づいた。客観的に市況を読むために最適な数式を引っ張ってこられるほど数字に強いわけではなかった。だが、市場の動きにどっぷりと浸かっていたのだ。

「彼らに言わせれば、次のような説明になります。『どこに何があって、どこへ何が流れているのか全部頭に入っているんだから、あとはハリケーンとその展開を見れば、次に何が起こるのか頭に描くことができる。これを基に、ハリケーンの影響を考えていけば、原油や関連製品の相場がどう動くのか見えてくる。そんなふうに予測される動きを基に売買すれば、勝負には勝てるよ』」

想定外の事態の対処法

現にキャナバンは、一〇年に一度と言われるほど荒れた相場の中でも商品トレーダーが利益を上げているのを実際に目の当たりにしている。一方、この不安定な状況の中、外為デスクのトレーダーらの成績は正反対だった。

「どこでも同じだと思いますが、二三歳ほどの賢そうな新卒社員相手に、為替相場がどう決まるのかとか、最低でも相場が決まったとどう想定するのかについて、基本的な数学の知識をいくつか教え込んだら、あとはこれを瞬時に計算処理をするための強力な分析モデルを渡して仕事をさせるというのが一般的な流れでした。

そんな新入社員がさっそく取引を開始するわけですが、数値化できないような独自の情報を蓄積しなくても、市場原理に任せるだけでそれなりに利益を上げることができます。入社当初は、なるほどこういう学歴もある優秀な若い連中がやがて原油トレーダーらを見下すようになるのか。それも、うなずける話だと思っていました」

ところがハリケーンの後、キャナバンの見方が変わる。これまでの常識は、すべて覆された思いだった。

「あの瞬間まで、世の常識を信じて疑いませんでした。私は経済学の博士号もありますし、しばらく研究職にもついていました。そんな私でさえ、ライバルのトレーダーを出し抜くには、優れた分析モデルを見つける必要があると思っていました。また、そういう優れたモデルを構築するために、高度な統計手法を編み出したり、改良・微調整したりするのが仕事だと思い込んでいたのです。ところがハリケーンの後、想定外の事態になったとたん、あの外為トレーダーのスキルは機能停止に追い込まれてしまったのです。

それまで私が描いていた優秀なトレーダー像は、完全に崩壊しました。そのうち、数値化可能な情報は、同時にすべての市場参加者の手で瞬時に処理される時代がきます。もっと高速な光ファイバー回線、大容量のメモリーや優れたモデルがあれば事足ります。こうしたモデルは一日半だけ開発元に独占権が与えられた後、誰でも利用できるようになります。では、そうなった時点で、よいトレーダーと悪いトレーダーを区別する体系的な方法はあるのでしょうか」

デカルト流の予測の限界

完全に合理的な市場を前提としたデカルト流の予測は、たとえて言うなら、すべてのトレーダーがコイン投げをして勝率はお互いに似たような状況ということだ。

キャナバンの予測は違っていた。完全な透明性が確保されている状況でも、まだまだ成長できるトレーダーはいると彼は言う。そして、何度も素晴らしい成果を残す者もいる。

こうしたトレーダーは、実生活に基づいて仕事をしているのだ。実生活から厚いデータと薄いデータを引き出し、両方を融合させて仕事に生かしているのだ。現実世界のありとあらゆる状況に深く根ざしている「文化」を理解しているからこそ、ひらめきや洞察が生まれる。条件さえ整えば、人間の知はコイン投げとはまるで違う次元の力を発揮するのである。

次の章では、特に重要な厚いデータが利用できる場面や状況について考えてみよう。文化の研究には、世の中の複雑さに配慮されている手法が欠かせない。そろそろ間違った抽象化に頼りきるのはやめて、豊かな現実にどっぷりと浸かってみてはどうだろうか。

では、次の章はアプリコット・カクテルの研究から始めてみよう。

第五章

「動物園」ではなく「サバンナ」を

目下のところ、哲学者は、自ら内部に入り込んで研究し理解するのではなく、高いところから批判することに偏りすぎている。

――エトムント・フッサール

フッサールの「カッコに入れる」行為

一九三三年のある日、フランスの哲学者ジャン＝ポール・サルトルとフランスの文学者シモーヌ・ド・ボーヴォワール、さらに二人の共通の友人で同僚でもあったフランスの社会学者レイモン・アロンが、パリのモンパルナスにあるカフェに集まって飲んでいたという。

レイモンド・アロンは、ドイツで哲学者エトムント・フッサールの講演を聴いてからパリに戻ってきたところだった。

アロンの説明によれば、フッサールは日常の生活の豊かさを哲学的に語る方法を模索していたという。フッサールが提唱した現象学は、対象物や経験から、抽象化された知的な陳述を削ぎ落とすことを目的としていた。フッサールは学生に対して「物そのもの」に常に意識を戻すよう説いていた。サルトルとボーヴォワールは大いに興味を示し、身を乗り出すようにして聴いていたという。

アロンはテーブルに置かれたアプリコット・カクテルを手に取りながら、現象学はこのカクテルのようにごく普通のものを扱う哲学だと説明した。この新しい哲学は、心とか「思考」の役割といった既存のカテゴリーにとらわれることなく、日常生活の中で、我々が現象をどのように経験しているのかを記述するものだ。

フッサールは、実際に目に見える物に着目するため、当時主流の哲学をいったん「カッコに入れる」ことを学生に勧めている。この「カッコに入れる」行為は、フッサールがたびたび使った言葉で、ともかく判断を保留することを意味する。目の前のアプリコット・カクテルが実際に現実世界に存在するのかどうかの追求をいったん保留してみよ、ということだ。

センスメイキングの応用法

さて、ここまでいろいろと考えてきたが、「日常の中でセンスメイキングはどういうふうに応用できるのか」という目の前の根本的な問題の答えを待っている読者の中には、そろそろ痺《しび》れを切らしている方もいることかと思う。

さらにそこからもう一歩進んで、「どうすれば自分なりのセンスメイキングの腕を上げられるのか」「そもそも、どこから手をつければいいのか」といった疑問もあることだろう。

誰もがジョージ・ソロスのようになれるわけではない。それに、センスメイキングが成功のための〝七つの秘密〟的な裏技でないことは言うまでもない。筆者がめざしているのは、読者に心を開いてもらい、文化についてもっと鋭い識見を得るための下地づくりに取り組んでもらうことにある。

これまでに議論してきたセンスメイキングのあり方について、その基盤のフレームワークとなる手法もすでに存在する。この手法は「現象学」と呼ばれていて、いわば現象を対象とした科学である。現象学なる言葉が何気ない会話の中で話題に上ることはめったにないが、センスメイキングの土台となる哲学的なアイデアである。

例えばグラス一杯のワインとは、いったい何だろうか。一〇〇年以上前のドイツでは、サルトルの興味を大いにそそった哲学者フッサールがこのような一見ごく基本的な問いかけを始めた。フッサールによれば、我々の感覚的経験に対してワインがどのような姿を呈しているか記述しなければならない。ワインが「現実」のものかどうかという哲学的な大論争にこだわりすぎてはいけないのだ。

弟子によると、フッサールの講義（ちなみに、ある弟子の言葉を借りれば〝現象学の幼稚園〟）では、日々の生活の中のあらゆる経験（例えばコンチェルト、雷鳴、不健康）を記述することが指導された。だが、この記述という作業を行き当たりばったりに行ったわけではなかった。対象から抽象的な理論や習慣的に用いられる想定を取り払うことに徹底的に取り組んだのだ。

物が現れているはずとか、現れてもおかしくないと思うからではなく、実際に物が現れているから、その物を記述するのが現象学者の仕事なのだ。

「アイデア」としてのアプリコット・カクテル

フッサールの研究は斬新でわくわくする内容だったこともあり、ドイツのフライブルク大学での講義には、彼を師と仰ぐ多くの弟子が集まった。

やがてパリでサルトルとボーヴォワールは、フッサールが初期に提唱した現象学の考え方に、彼ら独自のフランス流の感性を組み合わせ、実存主義が誕生した。
だが、フッサールの弟子の中でも最も有名なのはドイツの哲学者マルティン・ハイデガーだ。ハイデガーは師の研究に触れ、最も厳格な現象学でさえデカルトの伝統にとらわれていると示唆し、真っ向から批判している。

言い換えれば、依然として、社会的文脈とは離れたところで物思いにふける個人ではないかという指摘だ。

ハイデガーは「存在」そのものの現象、つまり我々がこの世界で共有する存在の現象を記述しようとした。フッサールの現象学では、レイモンド・アロンの頭の中から出てくる「アイデア」としてのアプリコット・カクテルの意味に光を当てる。

一方、ハイデガーの新しい哲学では、世界は個人の頭の中にあるアイデアで記述されないと主張する。実際、ハイデガーは、我々の経験に関して「内なるもの」は何もないと結論づけている。彼の現象学の流儀にのっとれば、専門家はそれぞれの世界の社会構造に着目できることになる。

彼によれば、カクテルは、カフェという文化の基本構造とその内部にいる人々（ウェイターや客、バーテンダーなど）の中で、一つの備品にすぎない。そして、この特定の世界にあるすべてのもの（パリのありとあらゆるカフェで行われている目に見えない背景の営み）には、フランス文化が反映されている。フランス流の感性について何らかの理解を得ようと思えば、最初に訪れるべきは、パリらしいカフェということになる。

「動物園」からの脱却

現象学の知的文脈を持っていただくため、次のようなアイデアを紹介したい。だが、自分自身のセンスメイキングを実践する際、現象学で一番重要なポイントは忘れないでいただきたい。それは、「現実世界に回帰せよ」ということである。「そのものそれ自体」に戻るということだ。

檻《おり》の中に置かれたボウルから餌を食べるライオンを眺めるのではなく、サバンナで狩りをするライオンを観察するのだ。動物園から脱するのだ。

ほとんどの人々は、一種の〝動物園〟に囚《とら》われの身になっている。慌ただしい都会を高いところから見下ろすガラスに囲まれた風通しの悪いオフィスは、ある意味で動物園だ。あるいは、人間の生活を数字の羅列に置き換えた紙で埋め尽くす会議室のテーブルもそうだ。空虚なスローガンと無意味な略語を並べた経営戦略会議も、そうかもしれない。

我々が身を置く〝動物園〟が何であれ、現実の生活を複雑な部分まで微に入り細をうがって捉えることは不可能なのだ。

自動車でもレストランでも何でもいいのだが、現象学でそういった物事の本質が明らかにされるわけではない。だが、こうした物事に対する「我々の関係」の本質が見えてくるのだ。我々にとって、四六時中、すべてがすべて重要なわけではない。我々は生活の中で物事との関係性を持っているが、現象学はどれがどういうときに最も重要なのかを教えてくれるのだ。

例えば製薬会社の場合、二〇一六年度に四半期目標を達成した営業担当者が何人いるかはスプレッドシートを見ればわかるが、現象学は優秀な営業担当者になるための条件に正確に光を当ててくれるのだ。

また、フォーチュン五〇〇社に名を連ねる某大手コーヒー会社なら、一杯二ドル以上の「プレミアム」コーヒーを一般的な米国人が一日にどのくらい飲んでいるのかということは、経営学の知識でいくらでも計算できる。だが、現象学は、本当においしいコーヒーを味わう体験に不可欠な条件を理解する手助けになる。

衣料メーカーでは、市場セグメント化モデルを駆使して、高級志向の顧客の消費傾向をはっきりと見極めることができるが、現象学ならこうした顧客が実際にどのような体験を求めているのかを明らかにできる。

「正しい」と「真実」の解釈法

動物園とサバンナの違いを、別の方法でも考えてみよう。「正しい」と「真実」という言葉を使う方法だ。自然科学の説明では、「正しい」かどうかが基準となる。主張内容は、観察可能な事実と合致するかどうかが問われる。

この「正しさ」は、主観的な信念とは別物である。だが、これまでにも見てきたように、共有される世界に関しては、正しさという概念はあまり前面に出てこない。

我々は、生物学的な性別を正しく使うことができる。男性か女性かである。だが、この意味で正しくても、男らしさや女らしさを体験することがいかなるものなのかほとんどわからない。男であること、あるいは女であることとは、「どういうこと」なのか。

人間の現象として考えると、真の説明能力を駆使して特性を明らかにしようとする。この手の解釈法であれば、人々はなるほどとうなずいて「『あんなに』真に迫っているのだから」と納得する。そのような真実は普遍的法則ではない。何にでも通用するわけではないのだ。だが、特定の時と場所と集団に関して非常に深い何かを物語ってくれる。

遊び、どんちゃん騒ぎ、旅行、スポーツ、投資、学習、娯楽、食事、美、信頼など、いかなる現象や行動であっても、「正しい」かどうかの尺度で、「真実」の尺度でも分析できる。

だが、文化的な意味をはっきりと浮かび上がらせるには、後者のような分析でなければならない。三色を縫い合わせた布切れが米国の国旗になり、金を構成する分子を集めたものが結婚指輪になる。長さの異なる合板で作った構造物は、住宅になる。

時間という経験

世界での我々の経験は、こうした物や活動に心を傾けることと関係がある。たとえ原料のブドウはまったく同じだったとしても、騒々しいパーティで紙コップに注がれたシャンパンと、高級レストランで白手袋のウェイターが給仕する素敵なフルートグラスのシャンパンとでは大違いだ。

どちらもフランスの同じブドウ畑で収穫されたブドウで造られたことは正しいし、どちらも使われている酵母がミリグラム単位まで同じということも正しい。ところが、一方の体験は粗雑で騒々しい思いしか残らず、もう一方は、気分が高揚し、うっとりとさせられる体験だ。この体験の差の部分に、真実を見出すことができる。

では、自然科学の視点と現象学の視点から時間という概念をそれぞれ考えてみよう。

「あれ、もう三時なのか」などと言うことがある。毎日同じ時刻に時計に目をやれば、当然、毎日三時を指しているはずだ。

自然科学のレンズを通してみれば、時間は一定であり、文脈からは切り離されている。一秒は常に一秒であり、粒の揃った真珠のネックレスのように、一つひとつがまったく同じサイズ、同じ間隔で並んでいる。自分の人生を振り返るという行為は、まったく同じ特性を持った同等の単位（分、年、一〇年など）の集合を見ることと同じだ。いずれも計量可能で明確であり、原則的には、同じ結果になる別のものと入れ替えがきく。

だが、これは時間の「体験の仕方」とはまるで違う。今見てきた自然科学的な時間の見方は完全に正しいのだが、同時に完全に表面的な話なのだ。人間の時間あるいは存在としての時間の場合、たった一秒が一時間より長く感じられることもある。病院の待合室は、電車をつかまえようと急いでいるときよりも時間の流れが遅く感じられる。たとえどちらも完全に同じ長さの時間だったとしても、だ。

時間という経験の中には、意味が何層にも重なっている。人生の中で同じ長さの時間でも、大人になるにつれて違った意味合いを持つ。

過去を思い出して、ふさいだ気分になっているときは、自分の二十代は無駄だったように見えるだろうし、大学時代の楽しかったひとこまを思い出すと、ちょっと勇気が湧いてくることもある。自分の過去は、現在自分が置かれている文脈（状況）に依存していて、今、どういう人生を送っているかで、過去の見え方も変わってくる。

現象学を真っ先に活用すべし

このような変化は、個人の経験に限定されるわけではない。共通の文化的な記憶にも当てはまる。ある時期や人物について、新たな見方が出てきたのを境に、その重要度が変わることがある。英首相を務めたネヴィル・チェンバレンは、一九三八年のミュンヘン会談で、ヒトラーの要求を受けて、当時のチェコスロバキアの西部地方をナチス・ドイツに割譲することで合意したが、これはヒトラーをなだめるためのしたたかな宥和《ゆうわ》策だったと見る向きもある。会談を終えたチェンバレンが帰国すると、群衆は「当分の間は平和だ」と熱狂した。だが、今日では我々はまったく異なる受け止め方をしている。第二次世界大戦当時のとんでもない腰抜けとこき下ろされることも少なくない。悪に立ち向かおうとせず、致命的な誤りを犯した男という評価だ。言うまでもなく、時間は、歴史上のあらゆる出来事を理解するときの文脈を変化させるのだ。

同じ比較は、「空間」についても当てはまる。

今、我々が利用している部屋や乗り物を思い浮かべてみよう。自然科学では、あるアルゴリズムで処理する測定値に沿って空間を記述する。自分から壁までの距離、あるいは自分からドアまでの距離、高さ、温度などはすべてまぎれもない現実であり、記述するだけの価値がある。

ところが、現象学者は空間をまったく違う視点で捉える。自分が身を置いている部屋には、歴史があり、ムードがあり、土地柄がある。壁までの距離は一・八メートルかもしれないが、体感としてはもっと遠いかもしれないし、逆に近いかもしれない。

ローマのナヴォーナ広場で、周囲を見回してみるといい。この広場ならではの物体を一つひとつ書き出し始めたら、あまりに膨大なリストになって何十年かかっても終わらないかもしれない。

だが、どれほど膨大なリストを作ろうが、バロック時代のローマを代表する二大建築家であるベルニーニとボッロミーニが手がけた建築や彫刻など、この広場の歴史に迫ることはできない。あるいはまた、この華麗なる空間に立ったときにどのような気分になるのか、わかろうはずもない。

優れたマネージャーやCEOは、優秀な人材のモチベーションを高めるために大幅な刷新に踏み切るときは、いわば簡易的な現象学を駆使している。政治家は、法制化を見込んで提議内容の法案づくりを戦略的に進める際、一種の現象学を活用している。

現象学は、本格的なセンスメイキングに関心があるときに、真っ先に利用すべきものだ。筆者自身、文化や人間の行動が関わる物事について理解する際、手こずりそうだと思ったら、問題を現象として捉え直すようにしている。
動物園から飛び出し、サバンナで本物の「生」を観察するのである。

生命保険・個人年金企業の「説話分析」

二〇一五年、筆者は生命保険・個人年金を扱う北欧最大の企業とコンサルティング契約を結んだ。同社では、毎年一〇%も顧客を減らし続けていることに懸念を深めていた。さらに悪いことに、同社を見限った顧客の大部分が五五歳前後と中高年層だった。個人年金のビジネスモデルは、長年にわたって顧客から集めた資金のうちの一定の割合を会社の収入にする一方、顧客の退職にともなって分割で払い戻す仕組みだ。その結果、古い顧客ほどたくさんの資金を払い込んでくれるため、会社にとっても旨味のある顧客ということになる。

筆者らは同社の委託を受けて調査を始めることになったのだが、最初に同社の担当者から、年金は「ロー・タッチ」の商品だと説明があった。要は、消費者と毎日接触するわけではない商品ということだ。

同社によれば、人が年金について意識するのは人生でたった二回だけだという。年金積立金の払い始めと年金のもらい始めである。現代生活の中では、同社の商品は退屈きわまりないけれど必要な役割を担っているという事実を甘んじて受けいれているかのようだった。それで、業績改善の一環として、単純明快で「定石どおり」の解決策、おそらくはブランディングの変更を求めていたのである。

そこでセンスメイキングのプロセスとして、まず顧客側の文化を対象に談話分析に取りかかった。この「談話分析」とは、ハイデガーの社会科学の理論に基づいて、人々や社会共同体が言葉や概念に意味と重要性をどのように与えているのかを検証するものだ。

この保険会社の企業文化では、個人年金、公的年金、その他の金融商品をどのように位置付け、それを顧客にどう伝えていたのだろうか。

この問いを突き詰めていくと、次の二つの対立する現実が浮かび上がってくる。

一．同社の企業文化は、銀行・金融の世界の典型でもあった。その文脈でいえば、論理や理由が何よりも重要であって、幹部同士のコミュニケーションは略語だらけだった。顧客は〝人間〟扱いされず、「今月はPSNをいくつ獲得した？」とか「今期はPSNが減ってきた」などというように「PSN」（「個人保険番号」の略）と呼ばれていた。そう考えると、現実の生活で商品がどのような文脈を持っていたかということよりも、PSNの数字に幹部が敏感だったのもうなずける。だから幹部は、営業目標と達成率、それにPSNといった略語の組み合わせばかりを追いかける日々で、自分たちの世界との絡みで実際の人々を見ようとはしなかったのだ。

二．センスメイキングによって浮かび上がったもう一つの現実は、販促資料を使って同社が消費者に語りかけるコミュニケーションのあり方だ。年金という商品のパンフレットも同じように老齢化を前面に押し出し、白髪の老人が自転車に乗っている姿や、砂浜を老夫婦が歩いている姿の写真が使われていた。販売戦略上、そこに漂う雰囲気や根底にあるメッセージは決まって「悠々自適」だった。それは、健康で幸せでおしゃれな白髪の人々が人生を謳歌するという、いかにも北欧辺りにありそうな発想の〝楽園〟だった。

老いとはどういう経験なのか

なんとも皮肉なことに、こうした描き方は、略語や財務上の数字と同じくらい顧客の反発を招くものだった。

販促資料の根底にある大前提は、どう見ても消費者の共感を得られるものではなかった。年老いていく現実に本気で向き合う姿勢はまるで感じられない。倦怠感や疲労の悪化、失望や孤独などとはおくびにも出さない。老いることがこの世の楽園などと思っている人間は現実にはいない。いとも簡単に乗り越えられるような問題ではないのだ。

では、なぜ高齢者向けの商品を専門に扱っている会社が、これほどまでに現実から乖離しているのだろうか。我々は、同社の企業文化を把握したうえで、ＣＥＯのもとを訪れ、老いるということについて勉強会を開かせてほしいと申し出た。彼らは怪訝《けげん》な表情を浮かべていたが、ともかく経営幹部に集まってもらった。大半が金融のプロばかりだった。

我々は、居並ぶ幹部に次のような問いを投げかけた。

「今日は金融の世界を忘れてお付き合いください。人はどのように老いるのか考えてみましょう。老いは、一歩ずつ順を追って決まり切ったかたちで進行していくものでしょうか。老いは年数と連動しているのでしょうか。そもそも何歳から老人なのでしょうか」

経営陣との非常に中身の濃い会話が始まった。老いは順を追って進むわけでも、決まり切った道を進むわけでもなく、突然、ガクンとくるように訪れることに参加者全員が同意した。「年をとってきたから、子供たちと過ごす時間を増やしたほうがいいな」とか「年をとってきたし、住宅ローンを何とかしないと」などといった声が上がった。

また、「人生があと一〇年あるかどうかわからないのだから、妻にやさしい言葉をかけなくちゃ」とか「そろそろ少し仕事をセーブして、ほかのことを楽しむかな。絵も描きたいし」などという声もあった。

やがて、テーブルを囲んでいた幹部全員に若かりし日を思い出してもらった。「もう子供じゃない。いい大人なんだから」と自覚を持つようになったころが、非常に重要だったという。こういう瞬間を契機に、身なりも食生活も交友関係も人脈づくりも変化したからだ。そこで、こんなふうに問いかけた。

「老いを悟ること、そしてそれが金融に関係があること。この二つの間に何らかの興味深いつながりがあると思いますか」

続いてホワイトボードに地図を描き、次のように説明した。

「御社が抱えている問題は、顧客の流出が続いていることです。しかも、皆さんは取り扱い商品が退屈なもので、それでも人々は気にしていないと思い込んでいます。人々が老いをどのように実感しているのか調査してみてはいかがでしょうか。また、人々にとっての老後の『いい人生』がどういうものなのか把握するうえで、人々が老いにどういう実感を持ち、それがどのような『意味』を持っているのか調べてみてはいかがでしょう。これがわかれば、消費者の経験に沿った年金商品を設計できるのです」

この瞬間、同席していた幹部全員が、問題点を「老いとはどういう経験なのか」という現象として捉えることに納得した。

そこで、民族学的研究に着手する準備を整えた。これは、センスメイキングの厚いデータの収集が目的だ。北欧地域全体からライフステージの異なる人々を選び、三日間ともに過ごした。その間に彼らの世界のありとあらゆる事項について、面談、写真・ビデオ撮影、観察、本人による日誌の記入のほか、モバイルアプリによる金融関連の活動全般も記録した。

実在的危機を感じる人々

我々は対象となる個人にとどまらず、その人を取り巻く社会構造にまで関心を持っていたため、被験者の交友関係にまで踏み込んで民族学的研究を実施した。いったい、現実はどのように構築されているのか。配偶者や友人、同僚、部下、上司にも話を聞いた。被験者と一緒に銀行に出かけたり、自分のコンピュータでネットバンキングを利用する様子を観察したりした。また、被験者と一緒に、取引先の年金会社に電話をかけ、そのやり取りを録音した。どの被験者についても、常にセンスメイキングを通じて「本人の立場・状態なら、どのような気分なのか」「本人を取り巻く世界をどのように経験しているのか」という点の理解に努めた。

老い（個人年金のような金融商品そのものではない）に関して被験者に話を聞くと、会話は感情に満ちたものとなった。「ロー・タッチ」のやり取りにならないように病気、リスク、両親や子供との別れなど、かなり踏み込んだ話も聞いた。このようにして得られた民族学的データ（センスメイキングの厚いデータ）を整理したところ、驚くべきパターンが浮かび上がってきた。

五五歳ごろに、多くの被験者が人生は自分の力ではどうにもならないものという思いを抱いていた。そのほとんどが子供のいる中間所得層が占めたが、あらゆる地域で同じような経験が見られた。なかには、独り立ちする子供の姿を見て、「人生に新たな意味を見出すべきか」「今後も（子供が巣立った後の）大きな家に住み続けるべきか」「今も夫を愛しているかしら」といった疑問を持つようになり、生きる意味を失いかけた（実存的危機）という人々もいた。

また、職場でもう昇進の目はないと自覚し始めたときに老いを感じたようで、「もう社長にはなれない」「もはや後れを取らないようにがんばるだけ」「部下だった若い人たちがどんどん昇進していて、自分は転がり落ちるばかり」といった声が聞かれた。

職場では「あの人は、頭の堅い長老グループだから」などと陰口を叩かれたり、街に出れば「ほら、そこにおばあさんがいるから気をつけるんだよ」などといった声を耳にしたりして、自分が年寄り扱いをされていると感じたという。

被験者の一人が、こんな話をしてくれた。ある日、生保会社から手紙が来たという。五五歳になったのでそろそろ個人年金の支給方式の希望を考えておくように、という内容だった。だが、この会社からは三〇年間も音沙汰なしだったので、契約先の会社名さえ思い出せなかったという。

「手紙の内容自体がどうこうではないんです。この手紙で自分がどういう気分になったかということなのです。つまり、もはや職場では何の力もなく、妻への愛は冷め、人生の意味さえ見失ってしまったんです。あの手紙はかなりの一撃でした。『あんたは、もう老いぼれ』と言われたようなものですから」

この年齢層の被験者はほぼ例外なく、財産の大がかりな整理を経験している。自宅の売却、賃貸住宅への移転、ヨットの購入、子供たちへの遺産相続準備などだ。さらにこうした整理に当たって、必ず念頭に置いているのが「あとどのくらい生きるのか」という点だ。

老いという現象の研究は、ビジネスチャンスの宝庫である

老いという現象を研究すると、こうした人々はビジネスチャンスの宝庫であることがわかる。金融機関が電話をかけ、絶妙なタイミングでうまい質問を投げかけて、うまい具合に会話を進めれば、彼らは真剣に助言を求めるはずだ。年金だけでなく、人生全般の整理についてだ。だが、これほどの優良顧客に逃げられているのは、なぜか。

我々がコンサルティングを担当した生命保険会社は、何もしなくても顧客は個人年金を掛け続けるはずと勝手に思い込み、知らん顔を決め込んでいた間に、銀行をはじめとする他の金融機関が忍び寄っていたのだ。この年齢層は財産管理全般に関して真剣に助言を求めているということに気づけば、個人年金など多彩なサービスを絡めたパッケージ商品を売り込む

こともできたのだ。

同社によれば、顧客営業の時間や予算の九五％は顧客獲得に振り向けられていたという。経営の視点に立てば、これはかなり大きな割合といえる。だが、文脈に沿って精査したところ、こうした営業活動の大部分は、社会人になりたての二二歳前後の若い顧客に集中していることがわかった。同社では三〇〇〇人ほどの個人年金アドバイザーが、こうした若い顧客の獲得にほぼすべての時間と予算を投じていた。

老いの現象学から何かわかることがあるとすれば、二二歳の若者に「死」は見えていないという点だ。死という事実は、否定のしようがない。まったくもって正しい話である。だが、パーティやコンサートなどエネルギッシュな楽しい活動が最優先の二二歳の若者たちにとって、これまた完全に的外れの話でもある。その結果、個人年金はこうした若者の人生ではほとんど意味をなさなかったのだ。

営業担当者の日々の動きを分析したところ、二十代の見込み客を訪ねるアポイントメントの七〇％が前日にキャンセルされていることが判明した。商品の話をいくらしても、本人が縁遠いと思っているのだから聞く気はないのだ。そんな見込み客に大きな時間と予算を投じるのは、明らかに経営資源の多大な無駄遣いだったのである。

かたや、営業活動を期待して待っている顧客、つまり中高年の顧客は蚊帳《かや》の外だった。何もしなくても、財産管理を他社に乗り換えるわけがないと勝手に思い込んでいたわけだ。

解約率が八〇%も減少

このようなパターンが明らかになってから、営業活動に変化が見られるようになった。若者向けには接触方法をデジタル化し、面会の時間を確保してもらう必要がなくなった。その結果、老いを迎えて財産管理の話題に真剣に耳を傾ける中高年顧客に時間や予算をすべて振り向けられるようになった。

センスメイキングで浮かび上がったビジネスのヒントを生かした結果、この保険会社は年金・保険掛け金に対する保険会社負担率を拡大するとともに、顧客との関係強化に乗り出した。特に重要なのは、調査から二年間で解約率が八〇%も減少したことだ。つまり古くからの顧客による解約を食い止めることに成功したのだ。しかも、顧客サービスのコスト増を招くことなく、この成果を達成したのである。

同社が気づいたように、老いについて考え、話し合うことがビジネスセンスの向上につながった。顧客にとって大切なことは、企業側にとっても大切なことと肝に銘じるべきなのだ。

ハイデガーと気分

人間であることに、どういう意味があるのか。この世界の中で自分自身をどのように認識しているのか。意味はどこから生まれてくるのか。

このような深遠な問題について掘り下げて考えるときには、人文科学がきわめて有用なガイド役になってくれる。ふだん、いきなり分厚い哲学書を開くことなどまずないのだが、目の前にある問題を現象として捉え直すときに貴重な道具になってくれるのだ。

もう一つ、現象学の実践例を紹介しよう。筆者が率いるレッド・アソシエーツでは先ごろ、スーパーマーケット業界を取り巻くビジネス上の課題を捉え直すため、ハイデガーによる気分の定義を利用した。

ハイデガーはその主著である『存在と時間』の中で、気分を認知的あるいは心理的な現象であるだけでなく、世界に対して無分別に入り込んでいくように「我々を駆り立てる」ものと定義している。

例えば、気分が悪ければ、つらい世の中だと感じ、本来自分が没頭しているはずの対象とその没頭に至るまでの流れが左右される。ハイデガーはこの気分や心理状態を「情状性（情態性）」と呼んだ。元のドイツ語の「Befindlichkeit」を文字どおり訳せば、「自分が見出されうる状態」という意味だ。ハイデガーによれば、人間が今までと異なる文脈に置かれたとき、その文脈に適応するための経路となるのが気分である。

ということは、気分は外部から、あるいは内部から生じるものではなく、世界の中での我々自身の存在自体から立ち上がってくるものということになる。それがビジネスの世界といったい全体、どのような関係があるのか。もっと言えば、欧州屈指の規模を誇るスーパーマーケットチェーンの売り上げ増とどういう関係があるのか。

これから詳しく解説するが、ハイデガーの理論は少しも難解ではない。実際、大々的な企業改革の理論的基礎にも使われている。

人々にとって「料理」とは何か

筆者の会社が先ごろ、欧州の大手食品販売ブランドと提携した。ウォルマートやテスコなど大手スーパーマーケットブランドの多くが似たり寄ったりだと思うが、このブランドも問題を抱えていた。食料品の買い方、食、料理などに対する社会の考え方は変化している。

このブランドでは、さまざまな形態の店舗を抱えており、世の中がいったいどうなっているのか把握しようと苦労していた。同社は進出先地域で一時は四〇％のシェアを確保していたが、徐々にシェアを落としつつあった。文化の移り変わりを考えると、シェア拡大の可能性は低かった。

そこで、来店客の消費促進に取り組むことで、客単価（顧客一人当たり売上高）を増やそうとしていた。健康志向のオーガニック食品に力を入れれば目標達成は可能というのが、同社の見立てだった。ところが、仮説どおりに事は運ばず、どこから手をつけていいのかわからなくなってしまったのである。

我々のセンスメイキングのプロセスは、このスーパーマーケットの文化を調査することからスタートした。どのような想定の下で、同社が組織としてこの世界を理解しようとしていたのか。スーパーマーケット中心の視点を持つと、どうなるのか。

同社には、経営学的な手法に基づく膨大な知識があった。店舗で買い物中の顧客の動きも把握していた。また、売り値による客単価の変化も、混み合う日曜の午後にも十分に対応できる駐車場の収容台数も押さえていた。店舗ごとの食品品目数など、価格やＳＫＵ（最小在庫管理単位）の状況を説明させれば立て板に水だ。

しかも、このスーパーマーケットは「対象セグメント」について完璧に理解していて見事なものだった。顧客区分ごとに抽象的なセグメントモデルも用意されていて、例えば夕方来店する二五〜三八歳の女性客（仕事を持つ母親）が主に購入する商品も、さっと調べることができた。また、客単価を最大化するにはどのくらいの通路幅が必要なのかとか、オーガニック食材に振り向けられるフロアスペースの割合なども正確に計算していた。

こうした専門知識を駆使することで、実用的な視点が得られたものの、非常に限定的だった。彼らはスーパーマーケット関連のハードデータ（数値などの量的データ）の分野ではエキスパートだった。

では、買い物客の「体験」については、本当にわかっていたのだろうか。買い物客が自宅に戻ってすぐに、購入した食品がどういう運命をたどるのか、このエキスパートたちは知っていたのだろうか。意味の連なりで言えば、スーパーマーケットは、大きいもの、もっと豊かなもの、人々にとってはるかに意味のあるものをもたらす手段にすぎなかった。

それは「料理」である。

「食」に関わる行為や習慣

同スーパーマーケットは「どうすれば自社ブランドの枠組みの中で全店舗の客単価を拡大できるのか」という経営学的な問題を、現象として捉え直すことになった。つまり、「人は料理をどのように体験しているのか」という視点だ。

一世代前なら、人々は大きな家とか素敵なクルマ、おしゃれな服を持つことで社会的な価値や影響力を高めようとした。

今では、そんな発想は時代遅れだ。洗練された都会の住人は、これ見よがしの富にあまり関心がない。むしろ今日のステイタスの大部分は、「食」に関わる行いや習慣である。

これを社会学者のピエール・ブルデューは「社会関係資本」と呼んでいる。人は料理について語るのが好きだ。鶏肉を購入するなら生産者の名前が気になるし、パンは発酵方式や焼き方も押さえておきたいし、ワインは食事に合ったものにこだわりたいのだ。

センスメイキングの調査では、都市部に暮らす母親にこの傾向がとりわけ顕著に見られた。今回のプロジェクトで観察・面談した母親全員が、食卓を囲む家族に新鮮で健康的な夕食を出すのが夢だと話していた。だが、調査対象の全地域で、実際のダイニングテーブルの写真を何千枚も撮影したのだが、地域を問わず、テーブルが食事と無関係の物であふれていたのだ。要はテーブルの大部分が仕事の世界（ノートパソコンやら紙やら請求書やら内職関連の物）で埋まっていたのである。

おまけに、翌日の夕食の献立について調査員に話してくれる被験者は一人もいなかったのだ。たまたま写真に、ある買い物リストが写っていたのだが、これを見れば、なぜ明日の献立がわからないのか、火を見るより明らかだ。そのメモにはこう書かれていた。

「買うもの　一．接着剤　二．石鹸　三．夕食」

このセンスメイキングでは、我々の多くが以前から日常生活で感じていることを確認できた。生活と仕事は、いつも流動的ということだ。合理的に順を追って献立を考えることなどまず不可能なのだ。

都市部では、毎日夕方五時に職場から自宅にまっすぐ帰ってきて、六時には食卓につける人など、ほとんどいない。事前に献立をきっちり計画して、買い物リストに沿って食材を買う人などもっと少ないわけだ。

現代生活がこうしたプレッシャーまみれになっていても何ら不思議はないが、スーパーマーケット中心の世界観に縛られた同社には、この真実が見えていなかったのである。ところが、スーパーマーケット側の文化では、買い物客がたまねぎ、にんにく、鶏肉などといった完璧な食材リストを片手に店舗を訪れるという想定があった。そして食料品の買い物先を高い店にするか安い店にするかの選択が客にとっての一番大きな判断だと、思い込んでいた。だが、現象学の視点で、実際の家庭の体験、料理のあり方に着目した結果、こうした思い込みに惑わされなくなったのである。

人は、意識的にあらかじめ決めたかたちで買い物をしていたわけではなかったのである。買い物についての「思考」など、最初からなかったのである。むしろ、そのときどきの気分に応じて、直感的に買い物をしていたのだ。

スーパーマーケットは、舞台装置

センスメイキングで明らかになった気分の一つに、「夕方の慌ただしさ」がある。特定のセグメントの消費者が仕事帰りに狂乱状態で買い物をしていることもあるが、それだけではない。調査対象の全員が、このような気分で食料品の買い物をしていたのだ。そして、店内もこの気分を生み出す雰囲気になっていた。

五時になると、子供たちは空腹になる。とりあえず手早く夕飯を作れそうな食材や、朝食になりそうな簡単なものをさっと買い物かごに放り込むことになる。夕方の慌ただしさの中、買い物客は買い回りしやすくて、どこに何があるのかわかりやすく、簡単で健康的な夕食の材料が豊富な店に足を運んでいた。

だが、夕方の慌ただしさは単なる気分ではない。

センスメイキングによって、インスピレーションにつながる別の気分が明らかになった。夕食に来客がある場合、スーパーマーケットにシェフ役を期待し、見本になる料理を作ってもらいたいと考えている。わくわくするような商品を並べ、最近のトレンドをわかりやすく見せてほしいのである。変化や迫力、目利きによる品揃え、魅力的な語りを求めているのだ。

文化人類学者のクリフォード・ギアツの研究を基にしたセンスメイキングの結果、スーパーマーケットは、料理に関する文化的な語りが展開される舞台装置あるいは舞台背景でもあった。食料品を人間の〝燃料〟と捉える最適化のシステムではなく、スーパーという劇場でさまざまな雰囲気を伝える必要があった。

朝は焼きたてパンと淹れたてコーヒーの香りで買い物客の心を捉え、元気な音楽で通勤中の人々の気持ちを高め、照明も明るく、元気を与えてくれるような設定にすべきだ。

一方、夕方以降はストーリーが変わる。人々は食欲をそそる香りと温かく和らかい照明を求めている。店員を増員してレジ待ち時間を短縮する。清掃員を入れるなら、夕方の慌ただしさが始まる前にすべきだ。そうすれば、心地よい雰囲気が生まれ、店に入ってみたくなる。朝食用の商品がはけてしまったら、空いたスペースには、夕食の食卓を飾る生花を並べるのもいいアイデアだ。

新たなビジネスのアイデア

店舗が食の舞台とわかったとたん、新たなビジネスのアイデアが浮かんできた。各店舗をそれぞれ土地に根ざした空間に仕立て上げていく際、同社は店長と常連客のつながりをＩＴで強化できないかと検討を始めた。

例えば、こんな具合だ。夕方四時半、クルマに三人の子を乗せた忙しい母親のもとに携帯ッセージが届く。

「地元スーパーの店長です。週五回もご来店くださり、ありがとうございます。ちょうどカナダ産のおいしいサーモンが入荷しました。よろしければお取り置きしますので、お知らせください。また、当店オリジナルレシピの食材セットもご用意しています。お急ぎでしたら、当店のドライブスルー窓口からもお渡しできるよう準備いたします」

二〇一六年、同社は一連のセンスメイキングで得たヒントを生かし、「夕方の慌ただしさ」への対応を前面に押しだした実験店舗三店のオープンに動き出した。二〇一七年には、さらに四〇店を開店する計画だ。また、デジタル技術の活用方法を全面的に見直し、新たな会員プログラムと、食を軸にしたオンラインの交流の場を解説した。だが、なんといっても最大の変化は、買い物客の気分を考えるようになったことだ。

「高級価格路線」か「大衆価格路線」かといった価格モデルで店舗やブランドのセグメント化してきた方針を改め、ブランドの整理統合をし、似たような気分の買い物客を狙った店舗の重複があれば閉鎖している。二〇一七年からは、気分に焦点を絞った戦略の下、市場でのポジショニングを進めていく。

購入点数や来店客のタイプをカウントしたり追跡したりすることが重要なのではない。食料品の買い物ではなく、料理という体験として現象を捉え直すと、客自身が置かれた文脈によって判断が決まることがわかる。食料品店は、そのセグメントや規模にかかわらず、買い物客が求めている体験を提供できるのだ。

共感力

これまでに紹介してきたさまざまな事例から、筆者自身とセンスメイキングの関わり合いや、レッド・アソシエーツ社内での利用方法がよくわかるはずだ。そのプロセスは人によって大きく異なるが、センスメイキングでは、自分自身が対象となる世界に入り込む必要がある。感情と知性と精神のあらゆる面を駆使して関わることになる。

そう考えると、センスメイキングとの関係における「共感力」について少し話しておきたい。

ここで言う「共感力」とは、他者の世界観や文化的視点を感情と知性の両面で理解するスキルである。シェークスピアの偉大な劇を読むときでも、ベートーベンの交響曲に耳を傾けるときでも、あるいは文化人類学研究のフィールドノートを整理するときでも同じだが、そこで遭遇する世界に我々は必ずしも精通しているわけではない。

この点が、センスメイキングで使われる共感（後ほど説明するが、これは共感力の第三段階に相当する）と、ふだん友人や家族に対して抱く共感との違いである。共感が第三段階になると、もっと分析的な枠組みが必要になる。

その大きな助けになるのが、人文科学の分野への積極的な関わりだ。

共感の三つの段階

ハイデガー派の哲学者によれば、共感の最も基本的な形態、つまり第一段階は、潜在意識によるものだ。ふだん、口に出すことはめったにない共感である。前出の作家アリス・マンローの言う「綿毛」のように互いに適応し合い、目の前の状況に絡め取られていく。英語が母語ではない筆者が言葉を使っているときに、このような共感に遭遇することがある。例えば、言葉の使い方を間違えたり、文脈に合わない単語を使ったりするなど、言葉の間違いを犯したとき、すぐに誰かがその言葉を正しく使い直して、筆者に正しい使い方を教えてくれるのだ。

このような共感による調整作業は、どの企業や組織でも見られる。どんな組織でも、初めてそこに所属する者が適応しなければならない特定の流儀や規範が必ず存在する。

筆者が以前訪れたことのある衣料メーカーでは、全従業員が無難でベーシックな黒の服を着ていたのだが、個性を出そうと細かい部分で思い思いの独自性を発揮していた。つまり「無難すぎない」ようにする配慮だ。一方、マーケティング志向の会社では、もっと自分に似合う服を選び、現場で使われる言葉ももっと曖昧な表現が多かった。

この共感の第一段階については、社会的動物としての存在に訴えかけるものという見方もあれば、こうした共有の世界を「体系」と捉える向きもある。この体系とは、現実を構築する際の規範や価値観である。社会学や文化人類学の分野では、こうした体系に関する研究がすでに一世紀以上続いており、固定された永久不変のものなのか、それとも絶えず変化しているものなのかが議論の対象となっている。

センスメイキングに取り組むうえで注意しなければならないのは、このような共感が認識されることも注目されることもほとんどないという点だ。

共感の第二段階は、何かが不適当な状態にあると気づいたときに発動されることが多い。友人の話しぶりが機嫌悪そうなど、いつもと違う感情表現をしているとき、我々は「いったいどうしたんだろう」と気にかける。何かが心に引っかかっているのか、悲しいことがあったのか、それとも私が何かまずいことを言ったのか……。

こうした第二段階の共感をうまく利用しているのが、レオナルド・ダ・ヴィンチの「モナリザ」だろう。この女性は薄笑いの裏側で何を考えているのか。悪ふざけをしたい気分なのか、それとも警戒心を抱いているのか。表情に表れる手がかりと文脈が、まったく重なり合わないのだ。何とか読み取ろうとしても、彼女の考えていることにたどり着けそうにない。

共感が、第一段階から第二段階に上がった状態だ。

本気で理解しようと思えば、共感の第三段階に移らなければならない。これが「分析的共感」である。これは、深く掘り下げた体系的な共感で、人文科学の理論、フレームワーク、関与に支えられている。そして、まさにこれがセンスメイキングである。

フォードのマーク・フィールズがフォード車に乗ってくれる次世代の顧客を理解するために駆使したのが、この共感なのだ。また、歴史家が例えば南北戦争について研究を進めるときに手がけるのも、この共感である。

写真やスクラップブック、ツール類、ニュースなど、当時の文献や証拠を体系的に整理し、何が起こったのか全体像を摑もうとする。研究資料はとっかかりにすぎない。他の研究者の業績を基に文脈を構築する必要がある。さらに、データの重要性を検証・批評したうえで、当時を説明する理論的フレームワークにデータを配置してみる。

権力構造、性別の役割、美学、技術、情報システムなどは、すべて歴史家がデータを分析する際に設定するトピックとなる。こうしたフレームワークなしには、せっかく集めたデータもルポルタージュやジャーナリズムにとどまってしまう。最終的には、理論が洞察につながる。

幸い、人文科学と社会科学には理論がふんだんにある。

性のありようから家族、権力、社会的役割、美術・音楽・物語が社会で果たす役割に至るまで、あらゆるものを理解するフレームワークが揃っている。民族学のフィールドノートや写真、日誌、面談などの厚いデータの収集・整理が終わったら、データ全体にわたって顕著なパターンを特定する作業が待っている。

優れた理論なら、こうしたパターンを認識するための体系が得られる。最終的には、一つか二つの理論で生データに焦点を絞る。ここで説得力のある洞察が得られるのだ。言い換えれば、現象に対する理解がもっと深まるのだ。

このプロセスの実践例を、いくつか紹介しよう。

ここに挙げる「センスメイキング応用例」では、人文科学や社会科学の理論が現実の状況にどのように応用できるのかがざっと把握できるようになっている。問題を現象に捉え直してから、この分析的共感のプロセスを実行することにより、目の前の状況について理解を深めることができる。

六つのセンスメイキング応用例

一．記号とシンボル

理論の概略

記号論（社会生活に見られる記号とシンボルの研究）は、人間の行動を理解する際の重要な柱となっている。だが、シンボルは誰が見ても同じものを象徴しているとは限らない。そこで研究者らはシンボルを、シンボルそのものと、シンボルの「意味」の二つの要素に分けた。両者の相関関係は、ときに変則的だ。

薔薇（シンボル自体）は、ある人にとって愛（シンボルの意味）を表すかもしれないし、またある人にとって死を表すかもしれない。個人個人が自分自身の背景や状況に応じて、シンボルに意味を割り当てるからだ。

理論の実践応用

フランスのある有名ファッションブランドが、高級ファッション志向の女性消費者向けに成功を物語るシンボルを制作しようとしていた。同社の想定は、顧客は「欲しいものをすべて手に入れた」女性の姿を見てみたいはず、というものだった。

結局、同社が打ち出したシンボルは、キャリアで成功を収め、しかも家族がいて子持ちというイメージだった。そして、贅沢に制作されたコマーシャルや動画には、いつも幼い子供と輝かしいキャリアが描かれていた。

香港、ロサンゼルス、上海、パリ、ニューヨークシティ、ニューデリー、チェンナイなどの都市部に暮らす女性を対象にセンスメイキング調査を実施したところ、こうした「欲しいものをすべて手に入れた」姿のシンボルは、消費者の心にまったく響いていないことが明らかになった。

確かにこういう女性は現実として一部に存在するのだが、だからといって、それが高級ファッションを志向したり、高級ファッションに心を動かされたりする説明にはなっていなかったのだ。むしろ、調査で浮かび上がったのは、まったく異なる記号やシンボルだった。その多くは過去を意識したものや、もっと「ロマンティック」な時期とつながりがあるものだった。具体的には、手書きの手紙やシルクのナイトガウン、貝殻、真珠の首飾りなどで、詩的で美的感覚にあふれたシンボルばかりだった。

こうしたシンボルには、もっと魅力的な人生への欲望が込められていた。このような女性にとってファッションは、ライフバランスを実現するものというよりも、むしろ誘惑や魅力を感じる瞬間が詰まった現代的な生活の象徴だったのだ。

二、メンタルモデル

理論の概略

政治理論家のエルネスト・ラクラウとシャンタル・ムフは、メンタルモデルの基盤に談話（言説）理論を構築した。これは、言葉が使われる文脈や言葉が意味を獲得する、さまざまなかたちを吟味する、分析ツールになる。

例えば、「自由」という言葉は、政治家によってまったく異なる意味を持つ。社会主義者なら、自由は万人にとっての機会を意味し、連帯という概念との関係が深い。一方、保守派にとって自由は個人的性格を持つもので、個人にとっての機会であり、不平等と関連がある。

理論の実践応用

筆者は、コカ・コーラから依頼を受け、中国のボトル入りお茶飲料市場の調査を支援したことがある。米国南部のアトランタに本拠を置くコカ・コーラの企業文化からいえば、「お茶」という言葉は甘みのある清涼飲料であり、バーベキューに合う飲み物といった位置付けである。このような文化では、お茶は〝足し算〟の道具で、夕方前にもうひとがんばりの一服として糖分やカフェインを体に入れるためのものなのだ。

談話分析とメンタルモデルという理論のレンズで覗いてみると、中国文化では、お茶は〝引き算〟の道具であることが判明した。中国文化では、お茶は瞑想と同様に、本当の自分をあぶり出すための道具だったのだ。お茶を飲むという体験を通じて、騒音や汚染、ストレスなど、刺激物や気を散らすものを取り除くのだ。

当初、コカ・コーラはフルーツフレーバーの甘い刺激的な飲料の市場投入を考えていたが、中国文化とは相性が悪かったのである。ひとたびコカ・コーラが「お茶という体験」についての理解を根本から改めるや、同社のボトル入りお茶飲料は中国で大きな市場シェアを獲得することになった。

三．社会システムに関するニクラス・ルーマンの理論

理論の概略

ドイツの社会学者で二〇世紀を代表する社会理論家として名高いニクラス・ルーマンは、専門家の文化が例外なく二進コード（一か〇かの二元論）で成り立っていると主張した。

例えば、弁護士にとっては行為が合法か違法かが重要である。エコノミストは、企業が利益を出したかどうかに関心がある。ジャーナリストは、そこにストーリー性があるかどうかを見極めようとしている。

異なる専門分野の間ではときに互いを誤解してしまう理由のひとつが、この文化に根ざしたコードの違いにある。エンジニアは、デザイナーが芸術肌で非体系的と思い込んでいる一方、デザイナーは、エンジニアが堅物で内向的と思い込んでいる。

理論の実践応用

医療関連施設の従業員と経営者が所属する団体の仕事を請け負ったことがある。経営者は官僚的な世界に身を置いていることもあり、〝原価割れ〟しないことが重要で、〝原価〟に見合ったケアを提供できれば成功と考えていた。

一方、従業員は「貧弱なケア」ではなく「充実したケア」の提供を心がけていた。人間（従業員と経営者）のシステムに対立が絶えない原因の多くは、二進コードの断絶にあったのだ。

この二つの世界を橋渡しする前に、まず、根本的な誤解の原因となっている文化の二進コード（コストかケアか）を理解・確認することから着手した。

四．アーヴィング・ゴッフマンの舞台上での印象操作理論

理論の概略

アメリカの社会学者アーヴィング・ゴッフマンは、文化人類学の先駆的研究である『*The Presentation of Self in Everyday Life*』（一九五六年、邦訳『行為と演技――日常生活における自己呈示』）で、人間関係の中で個人が自身の印象をどのように操作しているのかについて解説している。

ゴッフマンはこうした相互作用を演劇的な遭遇と捉え、人前でのパフォーマンスをする空間を「表舞台（表局域）」と呼び、表舞台でのパフォーマンスとは矛盾する行動をあえて実行できる空間を「裏舞台（裏局域）」と呼んだ。そして、表舞台でのパフォーマンスの成否は、裏舞台でのプライバシーと息抜きにかかっていると主張した。

理論の実践応用

ある家電メーカーでセンスメイキングを実施した際、テキサス州北部とニューヨーク近隣三州にある住宅に二つのトレンドがあることに気づいた。

第一に、住宅内の壁や仕切りを減らし、スペース間の自由な動きが可能なオープンプラン

の設計が増えていた。ところがその一方で、主寝室とか、他のプライベート空間（ガレージやパントリー）に費用をかける傾向も見られた。

人生という劇場の表舞台と裏舞台の存在を指摘したアーヴィング・ゴッフマンの理論で捉えた結果、二つのトレンドが同時に浮かび上がった理由を理解できた。住宅が〝表舞台〟化し、訪問客が訪れやすくなるにつれて、〝裏舞台〟となる空間をもっと充実させようという気持ちが強まったのだ。

この家電メーカーは、ランドリールームのトレンドに特に関心を寄せていたため、今回のセンスメイキングでの理解を生かし、デザイナー、建築家、住宅デベロッパー、施主を巻き込んで、もっと有意義な住宅づくりに取り組めるようになった。

五．互酬理論

理論の概略

一九七二年、アメリカの文化人類学者マーシャル・サーリンズは、互酬（義務としての贈与・相互扶助関係）のモデルとして「否定的な互酬」「均衡のとれた互酬」「一般化された互酬」の三つを提唱した。

サーリンズの定義によれば、否定的な互酬とは、人に与えるよりももらうほうが上回るモデルをいう。均衡のとれた互酬とは、与える量ともらう量の釣り合いがとれているモデルである。そして一般化された互酬とは、目先の見返りを期待せず、将来的に返ってくればそれでいいという判断で、人に与えるモデルである。

理論の実践応用

筆者は、米国の有力美術館の委託で会員プログラムの改善に取り組んだことがある。同美術館には多数の来館者があり、大きな関心を集めていたものの、来館者がリピーターにならないという悩みを抱えていた。資金調達の面でさらに重要な課題として、来館者がやがて寄付をしてくれる存在になってほしいという要望もあった。サーリンズの互酬理論、特に、一般化された互酬というモデルで捉えることで、現在の現象が明らかになった。

センスメイキングの結果、会員は同美術館との関係を基本的に取引と捉えていた。「会員制なら割が合わないといけない」という声が多かった。美術館が会員にクーポンや特製シャツなどを特典として提供していたからこそ、このような見方が生まれたのだ。

この取引モデルでは、寛容の心は育まれなかった。そこで我々は、会員制度を否定的な互酬モデルから一般化された互酬モデル、つまり信頼に基づく互酬へと移行するよう助言した。

同美術館は、利他主義の印《しるし》として、あるいは芸術・文化とのつながりへの投資として美術館の支援を検討していただきたいと会員に訴えた。また、このセンスメイキングにより、同美術館は、今後の会員拡充に向けた戦略目標として、会員制を取引ではなく、関係づくりへの投資と位置付ける方針も掲げた。

六．ウィトゲンシュタインの言語論

理論の概略

ケンブリッジ大学の哲学教授ルートヴィヒ・ウィトゲンシュタインは、その著書で我々の言語の大部分は言葉によらないと主張した。大切なのは観察であって、言語化ではないということだ。

二人の石工が煉瓦を積んで壁をつくっている場面を想像してみよう。この二人がやっている作業は、ほぼ非言語的である。そこでやり取りされる言語のみに着目していると、この二人について何も理解できない。そしてウィトゲンシュタインは「考えるのではなく、観察せよ」と読者を戒めている。

理論の実践応用

我々はアラブ諸国にあるデンマーク大使館が放火された理由の調査活動に参加したことが

ある。何らかの事象について調査に乗り出すなら、自分の文化に根ざした考え方を守り、その出来事に関連する言語の理解に集中したほうが楽であることは確かだ。例えば、「イスラムのテロリスト」による無意味な暴力行為と、いとも簡単に想定できるからだ。

だが、我々は観察から入った。中東で訪れた地域社会での現実をかたちづくっていた非言語コミュニケーションに着目したのだ。こうした地域社会という世界に実際に身を置いてみて、経済停滞で不満がくすぶっている現状が見えてきた。コーランを信仰するがゆえに、彼らの社会や文化は発展・繁栄するものという信念があった。

ところが、周囲を見回しても、目に入るのは貧困と衰退ばかり。信念と現実の乖離を背景に、この地域の至るところで文化的衝突を招いていた。大使館放火事件も、その一つだった。我々は、固定観念にとらわれず、まず理解する取り組みから始めた。この結果、最終的にはもっと効果的な選択肢を提示できた。

我々を「通して」出てくる創造性

ここに挙げた各種理論の実践応用例からもわかるように、センスメイキングは、現実の状況で確かな効果を発揮する。優れた書籍や芸術、理論、音楽などに感情移入をして没頭すればするほど、パターン認識に生かせる要素を多く吸収できることは言うまでもない。

この章で紹介したのは、筆者が関わった案件で洞察をもたらしてくれた理論の一部だ。だが、センスメイキングは、究極的には完全に個人的な営みである。膨大な芸術や理論に親しめば親しむほど、文化の中心にある謎を解読できる機会も増えるのだ。

謎に出くわしたら、自分の固定観念でさっさと答えを出したいという誘惑に駆られることなく、謎に対して柔軟な姿勢を維持するにはどうすればいいのか。人間の振る舞いに関わる問題に遭遇したとき、仮説も既知の事実もないとしたら、どのように推論していけばいいのか。ここにセンスメイキングの真骨頂がある。それは、我々の「中」から出てくるのではなく、我々を「通して」出てくる創造性だ。

第五章　「動物園」ではなく「サバンナ」を

第六章 「生産」ではなく「創造性」を

小説を書くという行為は、悲惨な目に遭うことである。髪が抜け落ち、歯がボロボロになることも少なくない。小説を書くことが現実逃避とでも言いたげな人々には、いつも腹立たしい思いを抱いている。むしろ、小説を書くことは、現実に飛び込むことであり、体制に対して大きな衝撃をもたらすのである。

――フランナリー・オコナー『*Mystery and Manners: Occasional Prose*』

（邦訳『秘義と習俗　フラナリー・オコナー全エッセイ集』）

「見ること」をめぐる二つの物語

一九一〇年、二三歳の詩人が自らを取り巻く世界に自分なりの答えを出そうと真剣に考えていた。そして当時としてはかたちだけになりつつあった儀式を執り行いながら、ダンテの『神曲　地獄篇』に登場する中年男の声を呼び出した。シェークスピアの『ハムレット』のように、彼の語りはジレンマに陥って、何をしても麻痺してしまった挙げ句、トーストを頬ばったり、紅茶を飲んだりする行為さえ、生きる意味を失う危機的状況になってしまったのだ。

T・S・エリオットの『*The Love Song of J. Alfred Prufrock*』（『J・アルフレッド・プルーフロックの恋歌』）の詩を読み返すたびに筆者の気分はすっと落ち着く。登場人物のプルーフロックが歩いた通りが思い浮かぶ。彼の頭にある幽霊と格闘する。

「髪をうしろでわけようか、いっそ桃の実を食べよかな」

時代の最先端を行く欧州での暮らしとは、こういうことかとわかる。神々が消え去った世界であり、人間の行いを取り巻く意味が放つ神々しい輝きがない世界である。プルーフロックの世界は、文化的習俗の最も根本的な部分でさえ取り除かれる世界である。そこに残ったものは、空虚な日常の習慣が延々と続き、さしたる根拠もない寄せ集めの世界である。それが「トーストとお茶をいただくこと」だ。彼は言う。「いや、おれはハムレット王子ではない」と言ったように、「生きるべきか、死ぬべきか」の存在を問う問題が脈絡なく描かれている。

一九一四年、エリオットがこの詩を完成させてからわずか一年後、フランツ・フェルディナント大公がオーストリア＝ハンガリー帝国のサラエボで暗殺された。エリオットはあふれ出る言葉を紙に書き留めたように、世界は戦争を通じてやり直しに向かい始めた。オーストリア＝ハンガリー帝国とドイツに立ち向かったのが、ロシア、ベルギー、フランス、英国、セルビアだった。

対立はどこにでも見られる。当時としては欧州のあらゆる都市の中で最も進んでいたと見られるロンドンが、プルーフロックの歩き回る舞台に選ばれた。彼は、見るからに明らかなものも含め、あらゆるものに疑問を呈した。

二〇世紀最大の詩人

ああ、おれのいいたいそのことがどうにもいえないのだ！

この詩の文は、別世界への玄関口になっている。彼よりも古いロマン主義の作家は自然の田園文学に没頭しようとした一方、エリオットは詩を理解するためのまったく新しい方法を明らかにした。自由詩と意識の流れの中で、彼は自らの経験を解釈する能力まで揺るがす。

周囲の人々に見えないものがエリオットには見えた。細分化された構造、口語体、大衆文化への言及を駆使し、さらに「高尚な文化」からの文学的な引喩を組み合わせている。高尚と低俗が重なり合い、そこから新たな時代が現れてきた。それを彼は口にしたのだ。いろいろな意味で、彼がそれを発明したと言える。最も鮮やかな形での創造性である。新たな世界を開く行為であり、まったく新しい世界にいる方法を明らかにする行為である。

エリオットのおかげで、我々の文化は、詩に登場する「I」（私）という言葉と日常生活に登場する「I」（私）という言葉は、まったく違う概念を持つことになる。

この画期的な技法だけでも、英語の詩の世界では、二〇世紀最大の詩人といわれるに値するのだ。

フォード独自のビジョン

大海を隔てた別の世界では、第二の若い男が現代の自分のビジョンをはっきり表現している最中だった。ただし、エリオットとは違い、この男のビジョンは楽観主義の固まりだった。

一八六三年、自立心旺盛な農民と自給自足の職人の伝統が受け継がれた町に生まれた男は、二〇世紀初めに発生する分裂を感じ取っていた。同世代の仲間は、急成長の工場で働くため、あるいは米国で台頭してきた企業の官僚主義の中でホワイトカラーとしての職を得るために次から次へと都会に出ていった。

このころから、「仕事」の意味ががらりと変わった。夜明けとともに目を覚まして作業に精を出し、あるいは季節に合わせて必要な作業をこなす農民としての暮らしは、もはや典型的な一日ではなくなった。自給自足も、職人業も、独立の地主や商人として代々受け継がれてきた知識も不要だ。二〇世紀初頭の世界の工場や企業で働くことは、昔の人々に比べて旨味もある代わりに退屈でもあった。

この現象、つまり労働の経験によって、若者は新たに手にした時間と資金を週末の楽しみに費やすようになり、余暇と移動の時代が切り開かれた。倹約、慎ましさ、社会的階級といったビクトリア時代の価値観は遠い昔となった。新たに到来した時代の象徴は、映画や自動車レース、ボクシングなど大衆文化のわくわくするような娯楽だった。

その男は、こうした光景に未来を感じ取っていた。この様変わりする文化の延長として、彼が夢想していたのが〝馬のない馬車〟である。最も給料の安い工場労働者でも、余暇を楽しみたい人なら誰でも手に入れられる手ごろな乗り物があったら……。そう思いを巡らせていたのだ。その男の名は、もちろん、ヘンリー・フォードである。

来たるべき未来を見据えていた男

現在、「誰でも使える馬なし馬車」というフォード独自のビジョンが二〇世紀の幕開けごろの話であるということは、忘れられやすい。フォードがさまざまなモデルをつくっては試行錯誤していた当時、デトロイトは彼のようなエンジニアや機械工であふれていた。その誰もが、決定版と言える自動車の試作という共通の夢を追いかけ、しのぎを削っていたのだ。

正直なところ、フォードはエンジニアとしてトップクラスとはいえず、かといって敏腕経営者でもなかった。当初、彼は「馬なし馬車」のベンチャー企業を起業しては潰す繰り返しだった。出資者に約束した期限までに開発できなかったのが理由だ。独創性ある飛躍的な技術革新というフォード独自のビジョンの強みは、当時、台頭してきた有閑階級のニーズと欲求をフォード自身が的確に認識していた点だ。

やがて、資金力のある一部の投資家から、高級市場狙いのモデルを開発するよう迫られた。そのような自動車なら、単なる物珍しさもあって上流階級の自慢の種になると考えられたからだ。

だが、頑固な反エリート主義を貫いていたフォードにとって、たとえ出資者の要請であっても聞き入れるわけにはいかない。すべての人々が移動手段を手にし、そしてその先にある消費を楽しめる時代を切り開く自動車づくりに懸ける思いはますます強くなった。新しい時代を迎えた米国では、やがて出世と転職が人生に欠くことのできない要素になり、自動車がその道具になるはずだと、フォードはきたるべき世界を見据えていた。

そのビジョンを実現するためには、安上がりな自動車組み立てシステムが不可欠だった。エリオット同様に、フォードには、周囲の人々に見えないものが見えていた。食肉処理場の近くを通りかかったとき、流れ作業の労働者が豚を部位ごとに切断していく様子を目にして、はたと膝を打った。同じような組み立てラインを自動車の組み立てに応用できれば、一台ごとに最初から最後まで組み立てるよりも安上がりではるかに迅速に製造できるはずだと、ひらめいたのだ。

一九〇八年にT型フォードを発売した当時、米国の舗装道路の総延長は三万キロにも満たなかった。T型フォードは、軽量で修理・保守が簡単なうえ、何よりも同時の金額で一台八二五ドル程度と手ごろな価格だった。このT型フォードは一九二七年に製造を打ち切るまでに販売総台数は実に一五〇〇万台に及んだ。移動と消費という二つの価値観を土台とした新しいライフスタイルを、米国にもたらすきっかけとなった。

センスメイキングの核をなす創造性

本章の冒頭から、英国が生んだ偉大なる詩人であるエリオットと米国きっての著名実業家であるフォードを同列に語るのは奇異に映ったかもしれないが、どちらも感受性という天賦の才能を持っているのだ。

二人は、当世風なるムードへの適応力に優れていた。かたや悲観論、かたや楽観論という違いこそあれ、エリオットもフォードも、以前なら思いつきもしなかったようなまったく新しい可能性をあぶり出してみせた。

二人とも天賦の才があるために、とっさのひらめきに柔軟に対応していた。これは、センスメイキングの核心をなす創造性の典型だ。そこで、このプロセスがどのように展開していくのかもう少し詳しく見ておきたい。

「人間は実際のところ、創造性をどのように体験しているのか」

現象学をガイド役に、この疑問を解いていこう。

恵みか意思か

日常の言葉で創造性を語るとすれば、どんな感じになるだろうか。例えばアイデアを「思いついた」とかアイデアが「浮かんだ」とか「ひらめいた」などと言うのではないか。だが、アイデアを「つくった」とか「手に入れた」とは言わない。

この意味をめぐる一見地味な観察こそが、実は大変示唆に富んでいるのだ。アイデアは、我々自身の中で生成されるものではなく、むしろ外部から我々の中に飛び込んでくるものだ。我々は、アイデアをこのような現象として体験しているのだ。

アイデアは、この世界から与えられる贈り物のようなものであって、必要なときに自分の意思で引っ張り出す創造物ではない。もちろん、アイデアを生み出すには、それなりの労力も伴う。自分の船を選んだら、これを操る技術を身につけ、専念する必要がある。

例えば数学的な証明なら、何十年もかけなければ世界的に有名な命題を解決するヒントは得られないはずだ。だが、これだけの作業をこなし、一万時間を費やして取り組んだとしても、ひらめきを自分の力でコントロールすることはできない。

だからこそ、創造性のプロセスという現象を描写する際、筆者は「恵み」という言葉を選んだのだ。「恵み」という言葉は神の存在を思い起こさせるが、筆者の定義は宗教や霊的なものとは関係がない。

「我々を通して」出てくるもの

筆者にとって、「恵み」とは、目の前の世界に対して能動的にも受動的にも関わっている状態を表す言葉なのである。つまり、洞察とは、我々を取り巻く環境にオープンな姿勢で臨むことであり、他の人々や他の文化を理解するときにオープンな姿勢で臨むことなのだ。独創性あふれる洞察は、「我々自身から」出てくるわけではない。むしろ、我々が暮らす社会のどこかから「我々を通して」出てくるものなのである。

偉大な芸術家、作家、音楽家、発明家、起業家はこのことに気づいている。著名な心理学者ヴォルフガング・ケーラーはかつて創造性の「3B」として、乗り物（Bus）、風呂（Bath）、ベッド（Bed）を提唱している。いずれも創造性が生まれやすい場所だ。というのも、こうした環境は、受容的な存在状態の典型だからだ。

ハイデガーはこの「明らかにする」あるいは「明るみに出す」行為を「phainesthai（出現）」と呼んだ。これは古代ギリシャ語の動詞で、現代の読者にはピンとこないかもしれないが、ハイデガーにとっては創造性の現象を的確に捉えた唯一の言葉だったのである。

英語には受動態と能動態があるが、古代ギリシャ語にはそのどちらでもない中間態なるものが存在し、「phainesthai」はまさにこの中間態の動詞で、全面的な受動でも全面的な能動でもない行為なのである。我々が環境と一体化し、我々の存在を支える資質や意味の連なりとの境界線がはっきりしない状態といえる。

恵みと同様に、「phainesthai」は主体と客体の境界線を消し去る。ある物がそれ自体に対して何かを行うことでもなければ、我々がその物に対して何かを行うことでもない。我々とその物との「関わり合いの中」で起こることなのである。すると、その物は、「我々を通して」出現するのであって、「我々によって」出現させられるのではない。

もう意味論はたくさんだと感じる読者がいるかもしれないが、もう少しお付き合いいただきたい。

創造性の捉え方やそれを表現するための言葉は、我々の日常生活に実際に影響を与えているからだ。創造性の現象について間違ったモデルを使えば、間違ったものに価値を与えることになる。直線的ではない変化を想定できないし、定性的な情報から意味を抽出する生まれ持った能力を鈍らせることにもなり、さらに学びや知識の〝縦割り化〟をもたらしかねない。つまり、センスメイキングに欠かせない全体的思考を見失うのだ。

まだ、しっくりこないだろうか。

この後、本章では、創造性に優れた達人を何人か紹介し、その創造プロセスに迫っていく。

その際に、彼らは現象学の手法を駆使している。こうした例を見れば、センスメイキングの最終段階について、もっと微妙な部分までわかってもらえるはずだ。だが、その前に、間違った創造性について知っておいていただきたい。

意思

創造性の体験を表す的確な言葉が「恵み」だとすれば、創造性に満ちたブレイクスルー（飛躍的な進歩）に関連して使われすぎと思われる言葉が「意思」である。

多くの人々が、アイデアは頭の中の〝組み立てライン〟から確実に出てくる成果物と思い込んでいる。所定のプロセスをきちんと踏めば、毎回、かならず独創的なアイデアを〝生産〟できると思っているわけだ。

アイデアを生み出す「意思」があれば、いくらでも量産できるというのだ。アイデアはそれ自体、独立して存在する代物であって、文脈と関係なしにいくらでも製造できると思い込んでいるようなのだ。だが、そもそも「意思」とは何なのか。デカルト批判に立ち返ってみよう。分析的思考では、我々はこの世界から切り離された存在、言い換えれば、主体と客体が分離している状態ということになってしまう。

創造性の誤解の悪名高い例として、昨今のデザイン思考への執着が挙げられる。

シリコンバレー的精神状態がハードサイエンス（自然科学）への強いこだわりに支配されているとすれば、米国西海岸ベイエリア発祥のこの新たな文化は「デザインプロセス」への信仰心の表れといえる。この文化は、自身をシリコンバレーの主流であるエンジニアに取って代わる独創性と芸術性あふれる存在と捉えているのだが、その意図的な創造性という考え方は、我々の知的価値観を蝕むものにほかならない。擁護派が何をどう説明しようとも、人文科学的な思考とは相容れない。

ここでデザイン思考（筆者に言わせれば、ただの〝でたらめセンセーション〟）について、少し解説しておこう。

デザイン思考——でたらめセンセーションの構造——

過去二〇年以上にわたって、デザイナーはその地位を大きく向上させてきた。昔は、形や素材、書体に関心のある職人といった扱いだったが、今では社会保障から防犯、マラリア撲滅に至るまであらゆる分野で解決策をもたらす賢人になっている。いったいどのような知識があって、こうしたあらゆる分野に一家言持つ権威になるのか。

デザイン思考法によれば、知識はまったく必要ないという。専門知識がないからこそ、消費者とつながることができるというのだ。

デザイナーは、使い勝手のよい製品を創り出せるのは自分たちしかいないと思い込んでいる。経済学だとか政治学だとか文化人類学といった特定の文脈での背景知識に邪魔されない立場だからだという。福祉国家のように、きわめて複雑で長い歴史の中で生み出されたアイデアであっても、彼らに言わせれば「デザイン」で片付けられてしまう。世界の飢餓問題であろうと、教育改革であろうと、「デザイン上の問題」というのだ。そして、その解決策は常に「デザイン思考」である。

デザイン思考のメッカとされている有名デザイン会社といえば、ＩＤＥＯ（アイディオ）だ。創業者のデイビッド・ケリーは、現在、スタンフォード大学のハッソ・プラットナー・デザイン研究所（通称「d.school」）の責任者である。

ＩＤＥＯはアップルのマウスやパームパイロット製携帯情報端末「パームV」、直立型の歯磨き粉チューブなど、どこにでもある生活用品を手がけたデザイン会社としてよく名前が挙がる企業だ。一九九九年に米ＡＢＣテレビの報道番組『ナイトライン』が同社を取り上げていた。八分間のコーナーでさまざまな角度からデザイン思考なるものに触れていたが、本来の創造的な活動には役に立たない面も明らかになった。

一、社会的文脈のないイノベーション

デイビッド・ケリーは、『ナイトライン』で次のように語っている。

「私たちは何か特定の分野の専門家ではありません。物事をデザインするプロセスに関して専門家なのです。ですから、歯ブラシでも歯磨き粉チューブでもトラクターでもスペースシャトルでも椅子でも何でも構いません。私たちにとっては同じなのです。独自のプロセスを応用することでイノベーションを起こす方法を見つけ出そうとしているのです」

この発言の中で、「歯ブラシでも歯磨き粉チューブでもトラクターでもスペースシャトルでも椅子でも（中略）私たちにとっては同じなのです」という部分に着目したい。本当だろうか。それがあるべき姿だろうか。

歯磨き粉のチューブのデザイナーと同じロードマップをＮＡＳＡ（アメリカ航空宇宙局）の次期スペースシャトルの設計者にも採用してほしいと思うだろうか。ＩＤＥＯのデザイン思考モデルでは、アイデアを思いつく本人やアイデアが生まれた交友関係と完全に切り離された単独のモジュールとしてアイデアを思いつくことになる。

このような個別化・モジュール化されたアイデアは、そこに含まれる情報量が小さいので、変更も説明も大した手間ではない。アイデアを思いつくことも自由なら、アイデアを葬り去

ることもリスクがない。

だが、人間がこの世に存在し、その世界にある物体が常に文脈に依存し、意味の層が重ねられているのだから、デイビッド・ケリーの主張はどう見ても見当違いだ。宇宙へと旅する文脈や、スペースシャトルをデザインするのに必要となる膨大な知識から、スペースシャトルだけを切り離すことはできない。

宇宙旅行は、宇宙飛行士やロケット科学者のほかにもさまざまなエンジニアや物など、その世界を構成するあらゆる要素が集まっているからこそ、農家とトラクターの世界や、就寝前に洗面台の周りに家族の姿が見られる米国の家庭の文化とはまったく違うのである。

宇宙飛行士、農家、歯磨きをしようとしている子供にとって、何が本当に重要なのかがわからなければ、こうした人々が使う物（あるいは機器や設備）について理解のしようがない。また、どうすればもっと役立つ設備にできるのかを、知るすべもない。

二．知らぬが仏

二〇一三年には、米CBSテレビのドキュメンタリー番組『60ミニッツ』のあるコーナーでIDEOが取り上げられたのだが、ここでデザイン思考のもう一つの顕著な特徴に光が当てられた。IDEOは好んで「医師、オペラ歌手、エンジニアを一緒くたにして、ブレインストーミングをやらせる」。

デザイン思考では、誰がアイデアを思いついても、どこからアイデアが生まれても不思議ではない。多様な視点があったほうがそれぞれの個性を生かした「突飛なアイデア」が飛び出しやすいことから、同社では、多様なメンバーのブレインストーミングをよしとしているのだ。だが、そんな突飛なアイデアが妥当とされるような世界がどこにあるのだろうか。

デザイナーの世界では画期的に見えるかもしれないが、こうした製品やサービスが使われる実際の社会的文脈（社会的背景）の知識なしに、どうやって共鳴を得るのか。プロセスが製品より重要なのは、明らかである。

確かにＩＤＥＯでは、プロセスは神聖視されていて、「判断は後回し」というルールを口癖のように徹底している。前出の『ナイトライン』の特集によれば、ブレインストーミングの早い段階で出たアイデアを誰かが批判すると、別のメンバーが鐘を鳴らす。

このように、専門知識は創造性の足を引っ張りかねないと見られているのだ。「アイデアが浮かんだら、それを壁に貼る」というプロセス自体に重きが置かれていて、壁にペタペタと貼られた付箋に書かれた内容はあまり重視されていないようだ。

三．消費者の心を動かせ

ＩＤＥＯなどデザイン思考の推進派は、「顧客中心」至上主義だ。といっても、流行の先端をいく都会のスタジオを飛び出し、別の世界に飛び込んで探索する気があると言っているのではない。だが、彼らは、共感の大切さや、わくわくするような製品のデザインに共感が必要であることについては積極的に話している。

消費者の「心を動かす」ことで「アナログ、デジタルを問わず、その動き方が見えてくるので、ブランドやアイデア、熱い思いに（単なる好意や購入ではなく）愛情を持ってもらえる」というのが、彼らの主張だ。

デザイン思考の擁護派は、人々と時間をともに過ごし、それぞれの状況を観察し、共感することを挙げている。だが、それでは、表面をなぞっただけの〝駆け足〟文化人類学ではないか。そこで費やされる時間は非常に限られていて、せいぜいある日の午後に顔合わせといった感じだ。

そして、「特定の物のデザインをどう〝改善〟できるか」という所定のゴールを掲げて観察に入る。このピンポイントのゴールを念頭に置いているから、デザイン思考のメンバーが主題の世界にどっぷりと浸かることはない。

今どきのデザイン会社から出てくるものが似通っているのも、うなずける。これがサンフランシスコ辺りのデザイナーの世界であり、白基調に陰影をつけて、ソフトな形状を組み合わせたデザインが多く、そこに世の中の人々が暮らしているだけだ。共通の社会的文脈にどっぷり浸かって初めて、別の世界やそこでの慣習が浮かび上がってくるのだ。

四．あらゆる苦痛を取り除く

ＩＤＥＯのような企業におけるデザイン思考では、消費者が製品やサービスの使用時に遭遇しそうな〝苦痛〟をもれなく書き出す必要がある。

例えばヨーグルトを改良したい場合、デザイナーは、消費者が店でヨーグルトを探し当て、選択し、開封し、食べるまでの流れの中で遭遇しそうな問題点すべてに目を通す。こんな一連の流れの中で感じるような「苦痛」などそんなにあるわけがないと最初のうちは思うかもしれないが、デザイナーにそれは通じない。スーパーマーケットでヨーグルトを見つけるときの苦痛、ヨーグルトに共感を覚えられない苦痛、中身が手につくことなくヨーグルトの容器を開けられないときの苦痛などだ。

こんなふうにすべての苦痛を書き出したら、デザイン思考では、この体験をデザインし直し、消費者が完全無痛になるようにプロセスを進めて行く。そしてデザイナーは、例えばヨーグルトにセンサーをつけておけば、客はヨーグルトアプリで即座に売り場を見つけ出せるようになるとか、ヨーグルトのパーソナル化に対応して、客が自分の名前や、ネットでアップロードしておいた顔写真を容器にプリントできるようにしろといった提言をまとめるわけだ。

デザイン思考は、ヨーグルトのパッケージデザインに関しても新たな手法を見つけ出すかもしれない。例えば容器の蓋に最先端のポリマースクリム（一種の不織布）という素材を使い、ヨーグルトが付着してもさっと取れる容器を提案するかもしれない。

デザイン思考は、今挙げたプロセスを使えば、政府だろうが経済だろうが大量輸送機関だろうが、あらゆる世界の社会構造にある苦痛を取り除くことが可能と胸を張る。不織布で、選挙制度の苦痛が取り除かれるだろうか。デザイン思考の究極のゴールは、生活の中にあるあらゆる苦痛を洗い出し、夢のような優れたデザインでこうした苦痛を取り除くことにある。

五．温かみのある言葉でカムフラージュ

デザイン思考は、温かみのある曖昧さをも併せ持ち、シリコンバレーの鼻っ柱の強い科学万能文化に取って代わる新しい考え方を自称している。デザイン思考の支持者は、人文科学に着想を得た言葉をちりばめて、彼らなりの「ノリ」とか「雰囲気」を表現することが多い。

実際、デザイン思考の会話の中には、「全体論的」「創造的」「チーム志向」「人間中心」「ビジョナリー」「創造的破壊」「アジャイル（俊敏）」「高速」といった言葉やフレーズが頻繁に登場する。例えば、「我々は世界を変えられる」というセリフが聞かれる。しかも、建物の片隅で交わされている技術系の会話とは異なり、「人間を中心に据えた」変化を起こすといった具合だ。あるいはまた、未来は群衆のものであって、孤独なる天才の考えは捨て去らなければならないといった具合だ。川を遡上する鮭にたとえたチャレンジ魂が必ずといっていいほど語られ、会話の中で「情熱」を呼び覚まそうとする。

ワインの世界では、生産者名とその商品の名称についてしっかりとルールがある。ブルゴーニュ産のブドウで造られたワインだけがブルゴーニュワインを名乗ることができる。農業の分野でも、オーガニックを名乗ることができるのは有機栽培を行った野菜だけだ。

ところがデザイン思考の世界では、規制や制限は存在しない。〝血の通った言葉〟をこれでもかと並べ立てられると、権威づけの効果が生まれる。専門知識としての価値がほとんどないのだから、誰かれとなく「ストラテジスト」やら「エクスペリエンス・デザイナー」やらを名乗り、挙げ句の果てに「基調演説」まで引き受けてしまう。

こういったフレーズや肩書には共通して、デザイン思考の根底に流れるメッセージが込められている。それは、「ウーバーにやられ放題のタクシー業界のようになりたくなければ、デザイナーの言うことを聞いたほうがいい」ということだ。

六．クルマはビジネススクールの駐車場に返しておく

このように血の通った言葉を次々に繰り出すデザイン思考も、さすがに〝血の通いすぎ〟はまずいと思ってか、「レバレッジ」とか「ＲＯＩ」とか「ビジネスモデル」といったビジネスの世界の言葉をさりげなくちりばめている。

彼らのメッセージを〝翻訳〟すれば、創造的なプロセスとは奇想天外で突拍子もない奔放な行動であって、いわば盗んだクルマを乗り回して楽しんだ後に、一応、最後はせめてビジネススクールの裏手の駐車場に返しておくということなのだろう。

もちろんＩＤＥＯだけではない。デザイン思考で〝思いのままに〟創造性を発揮することを謳う暴君はどこにでもいる。ビジネス文化の中で、イノベーション絡みの会話で存在感を強めている。

『*Weird Ideas That Work*』（『うまく事が運ぶ奇妙なアイデア』）の著者であるスタンフォード大学工学部教授ロバート・サットンは、「創造的なプロセスでは知らぬが仏だ」と言う。なかには、このような創造性のモデルがルソーの哲学からヒントを得たなどと言ってはばからない輩もいる。そして、無知で純真な状態こそ、面倒なルールや権威主義的な専門知識

に縛られないため、最も創造性を発揮すると言うのだ。
『*How to Have Kick-Ass Ideas*』（『すごいアイデアの浮かばせ方』）の著者で作家のクリス・バレス・ブラウンは遊び心を持つことと、創造性あふれる天才はイコールの関係だとして、「パーティの時間がやってきた。要するに、迷ったら鼻歌交じりに世の中を笑い飛ばせばいい」と語りかける。

バレス・ブラウンの著書は、いわゆるクリエイティブシンキング（創造的思考）関連書籍の代表といえるもので、幼稚園児向けの童話のように書かれている。著者の見解では、遊び心の敵は、専門家や「事情通」の集団だという。そしてこういった人々を、「お利口ぶって、いつも考えてばかりいる」と説明する。

そんな発言自体、自由奔放な遊び心ということか。仕事をすると思考が奴隷のように扱われるかのように聞こえる。まるでオフィスという場所は人間を個性のない官僚のように扱うところで、下手にノウハウや知識を持つときちんとした判断ができなくなるかのような物言いである。そして、創造性を発揮したいなら、会社の官僚体質や専門知識、合理性を追求した分析の呪縛から解き放たれよと言っている。そして、真の自由は、何に対しても寛大で遊び心や好奇心にあふれ、のびのびとした子供の世界に存在するというわけである。

先ごろ筆者はこうした「子供っぽい」クリエイティブ派の一人（名前は「マーティン」と

しておく）と丸一日一緒に過ごす機会があった。こういう人物にはお目にかかったことなどと言いたいところだが、あいにく筆者の世界でも、クリエイティブシンキングに関わる会話があると、ほぼ例外なく〝マーティン〟が一人や二人はいるのだ。

　こういう人々は、現実を観察するような骨の折れる作業からは逃げる一方、薄っぺらな専門用語を並べ、虚しいステイタスごっこに終始している。

　彼らは人の不安につけこむ。誰だって自分の職や業界、「創造的破壊のイノベーション」の状況に不安を感じているが、マーティンたちはそこにさっと入り込み、胡散臭《うさんくさ》いご託宣を与えるのである。

　何よりもマーティンたちを見ているとわかるが、クリエイティブシンキングや素晴らしいイノベーションのためには、本来、極めて厳格で、大混乱を招きかねないプロセスの下で、腰を据えて取り組まなければいけないのだ。投資資金が戻ってくる保証もないし、既定のロードマップもない。現に、迷うことこそが肝要なのである。

　ところが私の世界で見かけるマーティンたちは、ぐずぐずしてばかりだ。それもそのはずで、本当の作業、つまり世界を読み解く作業には、昔ながらのしっかりとした思考が欠かせない。マーティンたちは、これをずいぶん前に放り出してしまっているのである。

マーティン流の問題解決法

筆者は、グローバルに事業展開をする衣料メーカーの戦略チームと一緒に仕事をしたことがある。

パリからロンドンに飛び、さらにニューヨークへと慌ただしい移動の最中のことだった。参加メンバーは同社の幹部社員二〇人、そして筆者をはじめとするコンサルティングチームの面々だ。五日間の日程だったのだが、それぞれの都市で異なる文化を肌で感じることができた。だが、新しい戦略の概略説明と翌年に向けた今後の製品概要固めに使える時間は、一日しか残っていなかった。

そこに、マーティンの登場だ。マーティンは新入りとはいえ、ニューヨークの現地デザイン拠点での上級採用だった。着古した感じに加工されたジーンズ、腕にはタトゥーという出で立ちで登場。三十代前半のようだが、落ち着いたオーラを放っていた。この最終日、我々は朝九時に集まっていたが、マーティンがふらりと現れたのは午後二時である。

同社側のリーダーはアクセルという名で、グローバル戦略全般の責任者だった。そのアクセルが我々の話し合いを中断させ、マーティンを迎え入れた。リーダーは業績が思わしくないため、自身の立場が危ういと感じていたようだ。同社は業界ナンバー2の座にあるが、月を追うごとに市場シェアが縮小の一途をたどっていた。特に、西欧や米国の大都市で若者離れが顕著だった。

このため、リーダーはその理由を見つけようとしていた。その一環として彼が招いたのがマーティンだった。競合相手から引き抜いた花形デザイナーである。

リーダーが、筆者ら全員を前に語り始めた。

「このたびは当社の新戦略の策定に当たって、各地の関係者の皆さんにお集まりいただき、うれしく思います」

すると、マーティンが後に続いた。

「えー、私もこちらに同席させていただくことになり、光栄です」

なんとなく、マーティンに司会役が引き継がれた格好だ。それを察してマーティンが続ける。

「この部屋で感じるのは、力強さと情熱です。皆さんが所属するこのブランドへの情熱です。情熱は、重要です。情熱は我々のブランドを前進させる原動力です。皆さんは、グループとしても、また個人としても情熱があります。

ここで皆さんが得られるものには、大きな価値があります。それはエネルギーです。それも非常に重要なエネルギーです。ブランドを前進させるエネルギーです。このようにブランドについて力強く情熱的な議論に時間を割き、力を注ぐ姿勢がなければ、ブランドは発展しません。進化もしません。

皆さんはチームとしてこの場におり、貴重な時間を投じて、我々のブランドの未来を具体化しようとしています。それぞれのメンバーが、情熱とエネルギーを持って貢献しています。これは大変素晴らしいことだと思います。皆さんもそうお感じでしょう。なぜなら、それは重要だからです」

場の雰囲気は友好的で、よそよそしさは感じられなかった。マーティンが続ける。

「私も貢献するためにここに来ました。ですが、そのためには皆さんがどういう方々で、どちらの所属か知っておく必要があります。順番に簡単な自己紹介をお願いできますか」

そこで、その場にいた全員が順に自己紹介をした。全員が終わるまでにおよそ二〇分ほどかかった。司会者が神経質そうに腕時計をチラチラと見ている。この日のセッションのスケジュールはすでに遅れ気味だったが、あの遅刻男は時間を気にする様子もない。自己紹介が一人終わるたびに、マーティンが質問を投げかける。

全員の自己紹介が終わると、マーティンが話し始めた。

「ようやく皆さんのことがわかりました。これで一人ひとりのこともわかりましたし、どういうチームなのかも把握できました。なぜ皆さんそれぞれがこのブランドについて情熱を持っているのかも理解できました。ですが、皆さんの今回の視察について私は知りません。皆さんは各地をご覧になっています。パリ、ロンドン、ニューヨークですね。視察中、さまざまな方に会って、いろいろなことが見えてきたと思います。そこで今回の視察についてご教示願えませんか。私が建設的な貢献をするとすれば、皆さんが見聞きした内容を私も理解しておく必要があります。まだ満たされていないニーズにはどういうものがあるのか、人々が苦痛に感じていることは何なのかを知っておく必要があります。

これまでに見聞きしてきた中から、皆さんの意見をお聞かせ願えませんか。どんな人々に会って、彼らとどんな話をしたのか。また、こうした出会いを通じてどのような発見があったのかを教えてください」

すると司会者は、次の休憩時間にこれまでの経過を誰かがマーティンに報告してはどうかと提案した。リーダーも同意し、マーティンに話しかけた。

「今日はご参加いただき光栄です。お忙しい中、ご参加いただけたこと、そして貢献への意欲も表明されたことに感謝します。実は朝からすでに取りかかっていたことがありますので、その続きに戻りたいと思います。お力添えいただければ幸いです。これまでの詳しい経過については、休憩のときに誰かメンバーから説明させていただきます」

リーダーが今日の議題に戻そうとお願いしたにもかかわらず、マーティンは聞く耳を持たない。

「ブランドを前進させるためには力強さが必要なことを忘れないでください。皆さんがこの場に集まり、チームをつくり、一丸となって取り組んでいることがいかに素晴らしいことか、忘れないでください。我々は、消費者の暮らしを変えることができます。我々のデザインで消費者の苦痛を取り除き、消費者をあっと言わせ、喜びを感じてもらうのです。そうしなければ、我々は競争から取り残されるだけです」

その場にいた人々は、ほとんどがにこやかにマーティンを見つめていた。カリスマ指導者としての役割を本能的に引き受けたのだろう。やや顔を上に向けて、しばし沈思黙考の末に、この集団の指導役を引き受けると言いだした。

だが、リーダーを含め、数人が不快感を覚えていた。あくまで低姿勢を守ろうとしているが、マーティンを相手にするのはやめて、本来の戦略思考の話に戻そうとしているから、どうにも落ち着かない様子だ。マーティンは止まらない。

「このブランドは九〇年以上の歴史があります。先人たちが築いてきたもの、情熱とひたむきな姿勢で築いてきたものです。先人の努力の成果を足がかりに、このブランドを前進させていくのが私たちの使命です。だからこそ、今、私たちはこうやってここに結集しているのです。このブランドを通じて、私たちは日々何百万もの人々に影響を与えています。私たちは、何百万もの人々の暮らしに影響を与え、暮らしを変える力を持っているのです。

ですが、時代は変わりました。今はクラウドとシェアリングエコノミーの時代です。経済の革命、これは第四の革命といえますが、これまでに例がないほど大規模なものです。デジタルハイウェイが張り巡らされ、今後は過去何十年分を上回るほどの利益が生み出されます」

マーティンは、「どうだ」と言わんばかりに、しばらく沈黙した。そして自身の内にある情熱に満ちた奥深くから、彼は次のセリフを引っ張り出した。

「ミレニアル世代とデータレイクが我々の常識を変えます。アップルやウーバーがいい例です。ウーバーの登場で、すっかり商売上がったりのタクシー運転手みたいになりたくないですよね、皆さん」

なんとも思わせぶりで薄気味悪い。だが、いったい全体、何を言わんとしていたのか。リーダーは時間のことで頭がいっぱいだったが、二言三言はコメントせざるをえない。

手元のノートには、「データレイク」と「タクシードライバーは商売上がったり」というメモとともに、太いアンダーラインが引かれていた。

「これを基盤に組み立てて、新しい時代に挑みましょう」

もはや誰もマーティンを止めることはできないかに見えた。すると元々の司会者がそれを遮り、

「皆さん、班ごとに分かれて作業する時間です。今のお話を念頭に次の作業に入りましょう。マーティンは第二班に加わってください」

そう言われると、マーティンは我々全体に対する〝指導〟の手を緩め、プログラムに従って班に加わった。だが、そんな従順な姿勢が長続きするはずもない。班ごとの作業が終わって全体作業に戻ると、マーティンは臆面もなく再び口を開いた。

すでに時刻は夕方六時半。誰もが疲れていた。しかも連日、各地でのワークショップやら激論やらを重ねてきた末の五日目だ。そろそろまとめに入り、夕食という頃合いだった。司会者が出席者全員の苦労をねぎらい、ここまでの成果に感謝の気持ちを表した。

みんなが帰り支度を始めていると、「私からもお礼を言いたいと思います」と、またもやマーティンである。もはや緊急事態だ。よどんだ空気が漂うこの散らかったワークショップルームから、誰も逃れることはできないのか。誰もが、絶望的な表情を浮かべる。

だが、そんな緊急事態もどこ吹く風で、マーティンの独り舞台は続く。

「このように重要なディスカッションの場に参加させていただけたことに感謝したいと思い

ます。我々の未来に関するディスカッションであり、我々がどこに向かうのかを考えるディスカッションです。チームが一つになり意見を交わす情熱的なディスカッション。今日、この場で感じた情熱が衰えたり、消え失せたりするようなことがあってはなりません。常にその活気を維持することが大切です。このようなディスカッションこそが、ブランドの活気を維持するのです」

文脈を正面から受け入れる

社会人になれば、少なくともこういうマーティンの一人や二人に遭遇したことがあるだろう。目先のことしか見えていないうえに、中身のない業界用語を使いまくり、疲れ知らずの自信過剰で、結局、創造性を追求する議論の場を乗っ取ってしまう、いわゆる「お偉いさん」である。

ビジネスの現場で、世の中の真実を見出そうと努力している人々にとって、マーティンの馬鹿さ加減は、時間の無駄であり、はらわたが煮え繰り返る思いだ。

そもそも創造性とは、マーティンのような〝教祖〟やら、デザイン思考という名の工場が保証しているアイデア量産とは無関係だ。だが、だとしたら、我々は持続性のある創造的プロセスにどのように向き合えばいいのだろうか。成果をコントロールできないとすれば、センスメイキングとはどういうものなのか。

考えてみれば、筆者が経営する企業には、人間がたくさんいる。自分自身のため、そして顧客のために、有意義な洞察を得る必要がある。我々は、受容的な状態の存在として生きているが、同時に自分自身や顧客に対して、プロセスをはっきりと説明する方法を考えておかなければならない。

そこで、これまでに最も創造的な思考にたどり着いたのは、どんな状況だったかを同僚やパートナーに尋ねてみた。これから紹介する説明は、手順としてはずいぶんと変わっているが、どのケースもどっぷりと浸かる没入の要素が必ず含まれている。つまり、別世界に飛び込んで共感するプロセスだ。文脈を捨てるのではなく、文脈を正面から受けいれるのだ。

このようにして得られるストーリーやエピソード、分析といった厚いデータは、筆者が「恵み」と呼んでいる現象の特徴でもある。

一・チャーリーの場合

どのプロジェクトでも、取り扱う現象にどっぷりと浸かる必要があります。例えば、現在手がけている案件では、中国のお茶事情を把握する必要があります。中国人にとってお茶とは何か。中国人は日々、お茶とどういう関係にあるのか。中国人はお茶をどう扱い、どのように話題にし、どのような金銭感覚で捉えていて、どのようにお茶を振る舞うのか。このように没入することは、何らかの方向性を持った努力とは違います。お茶に関することなら何でも暗記するというよりは、お茶の風景の中を歩き回ることに近いと思います。

十分な期間を確保して文献を読み込み、関係者と話し、物事を観察し、人々の声に耳を傾けてから、次の作業に移ることにしています。ノートからも、コンピュータ（と、その中に保存されているデータ）からも丸一日距離を置いてみます。すると、自分の考えがどこかほかのところへ漂流していきます。

私の場合、映画を見たり、友人と会ったりします。プロジェクトの佳境でこんなことをするのは奇妙に感じられるかもしれませんが、ちょっとした息抜きを入れないと必ず失敗します。お茶のことをまったく考えない息抜きの一日が終わり、夜はたっぷり睡眠をとります。そして、翌朝、紙とペンを用意します。私の好みはビック（Bic）のボールペンに、白い紙。決まって足を運ぶのは、人も多くて騒々しい場所です。カフェでもいいし、バーや混み合っているレストランも悪くありません。人々が行き交う場で席に座り、頭に浮かんだアイデアを書き留めていきます。

このプロセスで不思議なのは、強制的に休息を入れることで、それまで自分が検討してきた多くのアイデアがふるい落とされる点です。順序や重要性は考えません。あたかも、自分のペンが書きたいことを書いているように感じます。そうやって出てきたアイデアは往々にして最強のアイデアだったり、最もよくまとまった考えだったりします。身体なのか潜在意識なのかわかりませんが、とにかくそういうものが私のためにすべてうまくまとめてくれて、用なしのガラクタをきれいに片付けてくれる感じです。

この紙に書かれたものは、ぎゅっと濃縮されたアイデアのエッセンスです。このアイデアだけでは足りません。これを正確・忠実に説明するための方向性が必要になります。肝となる要素は必ず出てきます。億単位の予算をかけたプロジェクトが、このようなかたちで動いていくのは一見無計画に感じられますが、現実に効果を発揮しているのです。

ところで、これは私が特別な存在だからというわけではありません。物事を書き留めているのは私だけではないはずです。別に、孤高の天才などでは決してありません。ただ、自分の身体に敬意を払い、偏りのない広い心で身体に委ねるとうまくいくということがわかっているのです。創造性のあるアイデアにたどり着くほかの方法は、まったく思いつきません。

二．ミッケルの場合

アイデアづくりのプロセスは、いつも苦痛です。必ずパニックに陥ります。締め切りが近づくたびに、これは間違いなく失敗すると感じるのです。胃の中にナイフがあるかのような感じで、自分にはまったく創造性がないことを物語っているようです。睡眠の質も悪くなり、胸はむかつき、大して重要でもない作業をしているときでも、自分に価値がないことがみんなに知れ渡るのではないかとおどおどしてしまうのです。

そんなこんなで、例の胃の中のナイフは余計に暴れまわります。そこでようやくあれこれ考え始めるのです。自分をどんどんすり減らし、ああでもない、こうでもないと試行錯誤に入ります。自分は凝りすぎる傾向があります。パニックになるし、試行錯誤もします。こういう力業で問題に体当たりすれば道が開けるという希望を持っています。周囲の人々にとってははた迷惑な話ですが、本人が経験で身につけたものと周囲は見てくれています。実際、こんなやり方だから、たくさんの素晴らしい同僚を失ったことが何度もあります。それでも、いつかこのやり方が通用しなくなり、自分が役立たずであることを世に知らしめる日が来るのを心のどこかで待っているのかもしれません。

このような惨めさにいつも心を乱されながらも、何らかのアイデアが浮かんできます。例のナイフの大暴れで、もう胃がもたないと感じているころにいつもアイデアが浮かぶのです。このアイデアは、自分の中から出てきたものではありません。弱すぎる自分を葬り去りたいという気持ちで頭がいっぱいになっているときに、アイデアがやってくるからです。これまで何度もそういうアイデアを人に説明してきました。なんとも馬鹿げた話ですが。

私はとにかく人々を相手に話しまくります。会話というより、一方的に話をするのです。何なら壁に向かって話してもいいのですが、私には人間相手のほうがいいようです。彼らには申し訳ないですが。こうやって話すのを足がかりに、自分のアイデアを表現するうえで、私とは違うスキルのある人々の力を借りるのです。苦痛の地獄から解放されると、ようやくぐっすり眠れるようになり、胃にも平和が訪れるのです。

三．シャーロットの場合

私は、ランニング中にいつもアイデアが浮かびます。厳密には走っている最中ではなく、走り終わった直後です。ランニングは頭を空っぽにしてくれます。自転車に乗ったり、長距離を歩いたりもしたこともあって、それはそれで効果はあるのですが、ランニングほどではありません。

私にとって、思考でいっぱいの頭を完全に空っぽの状態にするためには、ランニングが必要なのです。長期にわたって問題に取り組む場合、おぼれるくらいまでどっぷりそのテーマに浸かることにしています。頭を空にすることで、あらゆるものがあるべき場所に落ち着くのです。どこからともなくアイデアが明快なかたちで降ってくる感じです。決して、私の中から出てくるのではありません。誰かが私の考えをまとめてくれているような感じといえばいいでしょうか。なんとも不思議な感覚で、いつもうまくいくとは限りません。なかには、一晩寝て考えると、アイデアが浮かんだり判断が固まったりする人もいるでしょう。私の場合は、それがランニングなのです。

四．ジュンの場合

私はいつも顧客に苦しめられています。顧客を失ったり、失望させたりするのが怖いのです。顧客は現実のリスクを背負っていて、それを私がお手伝いするという意味で顧客から一番期待されている立場にあります。

かつてこんなやり方は考えたこともなかったのですが、現実に顧客と同じように考える癖をつけようとしています。つまり、「顧客なら、どういうふうに反応するか」という視点です。しばらくこれをやっていると、特に締め切り間際になると、何となく顧客の身になってきます。単に、顧客がどう考え、どう行動するか、見極めようとしているわけではありません。私自身もまた顧客なのです。顧客がアイデアや考えに情緒的に反応すれば、私もそのように反応します。顧客が世の中を感じ取るときは、私も同じように感じ取ります。まるで霊のようなものかもしれません。身体や魂が自分のものでなくなっているのです。私が仕事で支援しようとしている人々、つまり顧客によって、私の身体や魂が占拠されている感じです。

こうなると、支援というレベルではありません。完全な没入です。私には顧客の幻影が見えます。失敗に対する顧客の不安も感じられます。シャーマンや霊媒師のような感覚かもしれません。ああいう人たちは、おそらくこんな感覚なのでしょうね。

アイデアづくりについては、私自身、楽しいと思うことはありません。あくまでも仕事です。深く、強烈で、大変な仕事です。

ビジネス、文学、芸術の分野での例

それぞれにプロセスについては違いがあるのだが、どこからともなく創造性の恵みがやってくる状況の説明に共通するのは、感受性、寛容な姿勢、対象となる世界と同化した存在になることが挙げられる。真に創造的なプロセスについて話したり読んだりするたびに、同じ特徴を見聞きする。この恵みが訪れる状態はセンスメイキングによる洞察で、広く共通の体験である。ビジネス、文学、芸術の分野での例をいくつか見てみよう。

優れたアイデアがどこからやってくるのか、わからない。知っている人がいるのか定かではない。自分のアイデアがどのように湧いてくるのかもわからない。脳には脳の役割があり、アイデアが生まれてくる。

脳が動いてくれるのを待っている間に、自分にできることをやればいい。できることをやるのだ。人に会う。おしゃべりをする。何か笑えるようなおもしろいものを見つける。モックアップや試作品を作ってみる。せめて、他の人々が抱えている問題を集めてみてはどうか。間違いなく自分にできることだ。

ここでいう深いアイデアとは、アクションに思考とは異なる創造的な面があることをいう。思考が最初にくるのではない。基本的にそうではないのだ。

――サラス・D・サラスバシー
バージニア大学ダーデン・スクール・オブ・ビジネス経営学教授

なぜ髭を剃っているときにいつも一番いいアイデアが浮かぶのか。

――アルバート・アインシュタイン

折に触れて小説の筋が浮かんできます。通りを歩いているときとか、帽子屋さんで素敵な帽子の品定めしているとき、突然、素晴らしいアイデアが頭に浮かぶんです。「これなら犯罪をうまく隠蔽できるから、誰にもわからないのでは」という感じになります。もちろん、実際に執筆するうえで細かい部分は手を入れなければなりませんが、周囲の人々が私の意識の中にゆっくりと入ってきても、気にすることなく、とにかくそのすごいアイデアを手帳に書き留めるんです。

——アガサ・クリスティ

人々を熱狂させたら、それを感じ取る必要がある。経営のトップに立つということは、経営モデルや直線的な思考から離れることだ。何が正しいのか感じる必要がある。ときには時間がかかるが、それでも構わない。何が正しいのか感じとったら、非常に素早く動くことができる。

思索を終えると、やらなければならないことが見えてくることがある。我々は明確な経営目標もないまま、コンピュータ科学やデータ分析に投資してきたが、ずいぶんと歳月が流れ、後から振り返れば、最善の投資だったことがわかる。だが、実際に投資に踏み切ったのは、それが重要で必要と感じたからなのだ。詳細な採算性を検討したからではない。後になってみれば当たり前の展開と言えるが、実際に実行した時点では当たり前ではなかったはずだ。

一晩寝て目を覚ますと明瞭になってくる。しばらく黙考してきたことが突然明確になるのだ。どうしてこういうことが起こるのか、正直なところ、よくわからないが、目を覚ますと、昨日まであやふやだったものがくっきりと見えてくる。とにかく、そうだとしか言えない。

――マーク・フィールズ　フォードCEO

市場参加者が市場の頭脳に入り込み、内部から何がどうなっているのか確かめようとする。市場は、私と同じように感じていると想定しました。自分自身を他の個人的な感覚から切り離すことにより、ムードの変化を感じ取ることができたのです。そのためには厳しい修練が必要でした。自分の感情よりも市場の感情を優先するわけですから。

――ジョージ・ソロス

「今回はアクセル全開にしなくていいよ」と言おうと思っていると、その前にもう彼女は床のうえで頬に涙を流している。まるでパイプのようなものがあって、彼女の中にある劇のテーマやアイデアがそのパイプを通って外に湧き出てくるみたいで、周りの人間には止めようがないんです。

——女優フィリシア・ラッシャッドの起用について語る舞台演出家ティナ・ランドウ

何かを書くとき、かなりの部分が自身の日々の表面的な物事に左右される。ショッピングやら所得税還付申告やらチャンスに関する会話やらに頭がいっぱいではないか。だが、潜在意識は影響を受けることなく流れ続け、問題を解決して、先の計画を決めている。

例えば、デスクの前に座り、これといったアイデアもなく、やる気のない状態でも、突然、空から降ってきたように言葉が生まれてくる。絶望的な行き詰まりに陥ったかに見える状況が前に進む。眠ったり、買い物したり、友達と話したりしているうちに仕事が終わっているのである。

——グレアム・グリーン『*The End of the Affair*』(邦訳『情事の終り』)について

単調な作業で頭がいっぱいになると、潜在意識に働きかけ、突然のひらめきを生み出すことがある。まさに私が経験したのが、これだ。私の会社クリアフィットは、企業の人材採用の際に人材の適性業務を簡単に予測できる方法を提供しているが、このビジネスモデルは、仕事のことをまったく考えずに時速一三〇キロ近い速度でクルマを飛ばしているときに、頭の中の奥のほうで生まれたものだ。

裏側で動いているのは潜在意識だ。さまざまな思考の成果に、静かに影響を及ぼしている。休憩をとったり、花々の香りを楽しんだりしたほうがいいのだ。そうやっている間にも、頭脳が一生懸命働いて、目下解決しようとしている問題を解決したり、以前は考慮したことのない問題について解決策のきっかけを生み出したりする。

——ベン・ボールドウィン　クリアフィット共同創業者・CEO

混乱を恐れてはいけない。むしろ絶えず混乱していていいのだ。

何ごとも可能だ。オープンな姿勢を忘れるな。オープンゆえに傷つくなら、もっとオープンになればよい。命絶えるその日までだ。終わりのない世界、アーメン。

——ジョージ・サンダース　『*The Braindead Megaphone*』

作家のジョージ・サンダースのような独創性あふれる天才が言う「オープン」とは、どんな意味なのか。この受容的な状態を保つためには、先入観や期待、偏見を捨てなければならない。

これは、決して簡単な話ではない。

昔、日本では若い僧侶にとって無の心になることが非常に難しかったため、これを中心とした心の修行が行われたほどだ。米国人曹洞宗僧侶のブランチ・ハートマン・全慶は、二〇一一年から開催している講話でこれを「初心」という言葉で次のように説明している。

先入観や期待、判断、偏見のない心の状態です。初心とは、幼い子供のように好奇心、感嘆や驚きの念にあふれた状態で人生に向かい合う心だと思います。「これは何?」とか「あれは何?」とか「これはどういう意味なの?」と問いかける姿勢です。

固定観念や先入観を持たずに、「これは何ですか」と問うことが大切なのです。

説得力ある洞察

ランニングであれ、ペンを手に机に向かういつもの儀式であれ、胃の中でナイフが暴れまわる状態をイメージする苦痛の習慣であれ、創造的思考ができる人々は、さまざまなアイデアを広い心で受け止めるテクニックを編み出している。言うまでもなく、人間が常に受容的な姿勢を貫くことは想像を絶するほど難しい。

我々の頭脳はパターンをつくり、混沌の中から秩序を生み出し、確実性が感じられる状態に回帰したがる習性がある。だが、これを断ち切り、積極的に「わからない」状態を続ければ続けるほど、洞察が得られる可能性も高くなるのだ。

この仕組みをさらに詳しく理解するには、本書の最初のほうで触れたアブダクションという推論法が有効だ。一九世紀の米国の哲学者・論理学者のチャールズ・サンダース・パースは、いわゆる問題解決の推論法である演繹法や帰納法との関係から、アブダクションを定義したことで知られる。

演繹法とは、基本的にアルゴリズムの領域である。いくつか確信できる事柄を集めた仮説からスタートし、そこからXまたはYが真であるという結論を推定する。一般的な事実から具体的な事実へと向かうことから、「トップダウン」型の推論とも呼ばれる。

一方、帰納法は、複数の仮説の集まりからスタートして特定の結論に向かう。具体的な観察結果から、一般的、普遍的な事実や理論を導くため、「ボトムアップ型」の推論とも呼ばれる。

「アブダクション」。アブダクションによる推論は、仮説から始めるわけではない。既知のことも未知のことも含め一切、先入観を持つこともない。新しい知識や洞察に到達できる唯一の推論方法である。

やり方としては、まず幅広くデータを収集・整理することから始まる。ジョージ・サンダースが言っていた「オープンな姿勢」である。

続いて、収集したデータからパターンをあぶり出す。そのパターンを重ね合わせていくと、何らかの理論（ときには複数の理論）が具体的に見えてくる。このようにして得られた理論から、説得力ある洞察が浮かび上がる。

前出のチャールズ・サンダース・パースが一九〇三年にハーバード大学で「プラグマティズムとアブダクション」と銘打った講義を行っている。その中で、パースは次のように説明する。

仮説的な連想が突然ひらめくが、そのようなひらめきは誰にでも起こるわけではない。洞察の行為ではあるが、きわめて誤りを犯しやすい洞察である。その仮説のさまざまな要素が以前に頭の中にあったことは確かである。だが、一緒にすることなど以前は考えたこともなかったものを一緒にするというアイデアであり、予期する前に新たな連想がひらめくのだ。

パースによれば、雑多でつかみどころのないデータが対象の場合、アブダクション推論が唯一の適切なプロセスだという。まさに、ここに真の創造性がある。残念ながら、誤りを犯しやすい落とし穴も潜んでいる。だからこそ、「恵み」を経験する達人は価値のある創造的な洞察の感じ取り方を身につけているのだ。

この習慣について、一九世紀の哲学者、ウィリアム・ジェームズは、先駆的な著書『*The Principles of Psychology*』（邦訳『心理學の根本問題』）の中で、基本的には常に注意を払い続けることにより養えるとして、次のように述べている。

> 注意とは（中略）いくつか可能性のありそうな対象物や思考の流れの中の一つについて、明確にはっきりと心を占有されることである。その最も重要なポイントは意識を一点に集めること、集中することである。つまり、何らかのものを効果的に扱うために、それ以外のものから手を引くという意味であり、混乱し呆然とした注意散漫な状態（フランス語で distraction、ドイツ語で Zerstreutheit）とは正反対の状態である。

言い換えれば、創造的思考ができる人は、自分が精通しているもの（恩恵を受けている状態で自分にはっきりとわかっているもの）が、世界での理解を実現させてくれるものとわかっているのだ。

ジェームズは「何百万もの外部に任せた事項は私の感覚で捉えられてはいるが、適切に私の体験に入ってこない」と書いている。

「なぜかといえば、私が関心を持っていないからだ。私の体験は、自分が関与することに同意したものなのだ」

情報の「濾過」機能

前出のニコル・ポランティエールは、脳損傷で苦しんでいたころに量販店ターゲットの店内を歩き回った体験について、あまりのごちゃ混ぜぶりにお手上げだったと語っている。何に対しても注意を向けられなかったからだ。彼女の言葉を借りれば、情報の「濾過」機能がまったく働かなかったのである。

「私の作業記憶（短期記憶）が損傷を受けていたため、（頭の中の）待合室がいっぱいであふれてしまっているような状態でした。普通なら、脳が正常なスピードで処理してくれれば、濾過も同時に実行されます。いつもどういうふうに濾過が行われているのか、私たちはよくわかっていないのです」

ジェームズによれば、ブレイクスルーの最先端にいる天才は、注意の持続を体験しているのだという。

「彼らのアイデアがきらりと光る。創意豊かな賢人の前にすべての主題が無限に枝分かれし、何時間でも夢中になれる」

ジェームズは、天才とはさまざまなものが「備え付けられている」状態だと説明している。天才の頭脳は、物陰や隙間のようなスペースでできていて、その空間で枝が無限に枝分かれしながら広がっていくのだ。

頭脳にいろいろなものが備え付けられれば備え付けられるほど、言い換えれば、読書、経験、観察の量が増えれば増えるほど、創造的なブレイクスルーの機会がやってきたときに取り組む材料も増えるのだ。こうしたブレイクスルーが起こるのは「一瞬の出来事」だが、その前提としてパターン認識に関して実に豊かな深い知識があるのだ。

「システム1」の思考モード

心理学者のダニエル・カーネマンは二〇一一年の名著『*Thinking, Fast and Slow*』（邦訳『ファスト&スロー』）の中で、蓄積された知識が多ければ多いほど、言い換えれば頭脳の備えが多ければ多いほど、直観的なすばやいひらめきが得意になると説明している。

このような思考をカーネマンは「システム1」の思考モードと呼んでいる。ウィリアム・ジェームズが指摘したように、天才は「連続的に注意が向けられる対象物の性質ではなく、注意自体の性質が凡人とは違う」のだ。

自分が身を置く世界が明らかにするものや提示するものに対して、創造的な人ほどオープンに接することができる。これは恵みの基本的な要素だ。その瞬間、注意を向けるべき対象を正確に心得る。

達人は、これを認識するスキルが特に高い。その例が、世界的に有名な建築家のビャルケ・インゲルスだ。彼は、細部まで丁寧に作られているスイス製腕時計の内部構造を見た瞬間、創造的なひらめきの到来を感じたという。

一五〇年の伝統を誇るスイスの時計メーカー

二〇一三年の冬のこと。ビャルケ・インゲルスは、スイス西部をクルマで走っていた。スキーリゾートを通り過ぎ、ジュラ山脈のジュー渓谷に入っていった。美しいジュー湖の向こうに見える雪をかぶった山々を縫うように進むと、やがてスイスの伝説の腕時計メーカー、オーデマ・ピゲ社に到着した。スイスの腕時計業界では、創業から一五〇年間も創業者一族がオーナーを続けている唯一の企業だ。

　インゲルス率いる設計チームは、オーデマ・ピゲの歴史的な建物の拡張と数々の高級腕時計のコレクションを展示する博物館の新設を柱とするプロジェクトに入札する予定だった。入札に勝つには、優れた職人の業で名高い伝統に敬意を払うとともに、二つの歴史的建物について躍動感ある物語をつくり出す必要がある。この二つの建物のうち、一つは一〇〇年近い歴史がある。

　コンペ開催に当たり、ビャルケ・インゲルスはまだ四十代前半だったこともあり、オーデマ・ピゲ創業者一族の間では力量は未知数と見られていた。インゲルスに名声や実績がなかったわけではない。

　彼が率いるビャルケ・インゲルス・グループ（ＢＩＧ）は、本社をコペンハーゲンに構え、その後、ニューヨークとロンドンにもオフィスを開設していて、バンクーバー、フェロー諸島（英国とアイスランドの間にあるデンマーク領）、台湾・花蓮、中国・深圳、ニューヨークなど、世界中でさまざまな建設プロジェクトを手がけている。また、数々の国際的な賞にも輝いている。

　特にＢＩＧが抜きんでていたのは、創造的なプロセスへの取り組み方だ。これが、世界的に名のある建築事務所とは根本的に違うのである。インゲルスの作品は、起伏のあるループやスロープをふんだんに生かしたデザインが多く、伝統的な建築設計のサイズ感やしきたりを無視することも多い。それぞれの建物のあり方を追求した「アイデア」なのだ。

インゲルスのチームはすでにいくつかの有望な戦略を用意していたが、スイスの本社まであえて足を運んだ。対象となる土地の文脈を、実際に肌で感じておく必要があったからだ。現地で「これだ」と思えるものを求めていた。その感覚を設計に取り込むことで、一五〇年の伝統を誇るスイスの腕時計メーカーの魅力をさらに高めたかったのである。

突然のひらめき

彼の創造のプロセスについて尋ねると、「対立するようなA案とB案があっても、そこにひらめきが生まれると、両方が融合していいアイデアにつながる」という。

「A案とB案の要素が入り混じっているうちに意味のあるアイデアへと昇華していきます。最初からわかりやすすぎるアイデアは、あまり差別化できる特徴がないのです。結局、これまでとは違う斬新な答えを出せていないだけなのです」

スイスと名工の結びつきの強さを考えると、品質に関して何らかの要素を組み込めることはインゲルスもわかっていた。また、時計づくりに欠かせない精度についても、インゲルスは大きな敬意を払っていた。理性的に考えればこうした要素は重要なのだが、まだ直観的にぐっとくるものに出合えていなかった。

現地視察中、インゲルスは、オーデマ・ピゲで働くカタロニア地方出身の五〇代後半の時計職人と話をした。この職人は歴史に残る名品を手がけてきた人物で、時計づくりのプロセスを詳しく説明してくれた。インゲルスが、そのときの様子を振り返る。

「彼の話を聞きながら、いかにも職人らしい手とかプロの道具を実際に見せてもらい、その作業の正確さや細かさを目の当たりにしていて、ハッと思ったのです。ものすごい興奮を覚えました。肌で感じることができたからです」

それは一種のお告げとか天啓、ハイデガーのいう「出現（phainesthai）」の瞬間であり、職人の業を肌で感じ取った瞬間だった。とても小さな材料から、とんでもなく大きな成果を導き出す力だ。

「まず自分が設計する対象物に惚れ込むことが大切。この愛情さえ感じとることができれば、あとはその思いをうまく導いて、最終的な成果物に反映するのです。でも、時計づくりの文化のさまざまな面が盛り込まれていなければなりません」

インゲルスが特に魅了されたのは、腕時計のゼンマイに必要とされる技術力だ。

「アンクルという部品が振り子のように左右に揺れながら、利用者の身体の運動エネルギーをゼンマイに蓄えるんです。このゼンマイは金属製の部品で、左右に揺れるアンクルで巻き上げられます。巻き上げられたゼンマイが動力となって、腕時計を動かすのです。ゼンマイが一定の速度で緩んでいくように制御する調速機もあるので、正確な時刻が刻まれます。時計づくりでは、建築と同様に、デザイン自体あるいはフォルム自体が大事な〝中身〟なのだと突然理解できたのです。材料をうまく連携させて正しい時を刻むこと、それ自体が商品の命なのです」

大胆なアイデアの生まれ方

インゲルスは、ゼンマイのアイデアを博物館全体のメタファーに生かすことにした。

時計職人は材料選びの際に、最小限の材料で最大の効果が発揮されることを念頭に置いている。そこで、インゲルスはこの博物館を「創業者の家」と命名し、同じ発想を盛り込むことにした。

来訪者は長い通路を進みながら、時計づくりの歴史や文化に触れられるようになっている。当初、この通路を長い一本道の構造にしようと考えていた。だが、例のカタロニア出身の職人の手の中にあるゼンマイを見た瞬間、まったく違う構造にすることにした。

二重螺旋だ。

「螺旋構造の通路から博物館に入り、帰りも再び螺旋構造の通路を通ることにして、腕時計の動力を蓄える構造と同じ形にしたのです」

ひとたび戦略が固まったら、次は軽量鉄骨構造で二重螺旋を生み出す作業だ。材料は軽量なほど建物を造りやすい。周囲のジュー渓谷の景観の中にそびえているように見える。ゼンマイの加工作業から着想を得たこのモデルは、建物の重量を支える壁がない構造で、あるのは窓だけ。窓は最先端のガラスを採用し、これで屋根を支えている。

インゲルスがこのデザイン案を提示したところ、即座にオーデマ・ピゲの関係者から驚きの声が上がった。

ＢＩＧは奇抜なアイデアで知られてはいたが、実は他のプロジェクトと同様に、大胆なアイデアはそれぞれの土地の制約条件から生まれるものだったのだ。

強化ガラスのみで建物全体を支えるなど、ＢＩＧ案がもたらした衝撃的な構造は、月の満ち欠けや年間カレンダーといった機能を盛り込んだ高級腕時計の「壮大な構造」と呼応している。

結局、この設計・建設コンペではＢＩＧがライバル五社を抑えて勝利を収め、今後、数年間かけてプロジェクトが進行することになった。

印象を自らの中に「取り込む」

世界屈指の著名な建築家の多くが、仕事の根幹に独自の流儀を持っている。

例えば、モダニスト建築の巨匠、ルートヴィヒ・ミース・ファン・デル・ローエ。気品ある構造と趣のあるダークブラウンの色づかいですぐに彼の作品とわかる。ミースは、フランク・ゲイリーやレム・コールハースと同様に、建物の用途や文脈、採算性とは関係なく、ほとんどの作品で共通の理念を貫いている。こうした建築家は、自らが描く美しい構造を実現させたいという欲求から、必ず現場を訪れている。

あらゆる達人が実行しているセンスメイキングの実例として見ると、インゲルスのプロセスは少し違う。ＢＩＧは、体系化されたモデルに依存していない。目の前のテーマや課題に直接飛び込んで、調査を開始する。対象となる土地の文化が持つ歴史や芸術、文学、哲学、地理学、言語など、その土地にどっぷりと浸かり、とことん自分自身をその環境に漬け込んでいるうちに、アイデアが生まれてくるという。

目の前の世界の印象を「切り取る」のではなく、印象を自らの中に「取り込む」のが、インゲルス流だ。そこには完璧な普遍性を備え、時間・空間を超えた永遠不変の理想などない。

インゲルスのデザインは、政治、環境、経済、社会など、現場がもつ流動的な現実と絶えず会話しているために躍動感がある。多種多様なデータを広く受けいれるスタンスを維持することで、周囲の環境、彼の言葉を借りれば、「基準一式」に合わせて、建物にどのような可能性があるのか、どうあるべきなのか、まったく新しい視点から生み出すことができるのだ。

コペンハーゲン郊外の住宅建設プロジェクト

ＢＩＧが初期に手がけたデザインの一つに、コペンハーゲン郊外の住宅建設プロジェクトがある。プロジェクトに乗り出すに当たって、インゲルスは住宅建設プロジェクトの建築規約がうんざりするほど細かく取り決められていることに気づき、住居としてのニーズを満たすもっといい方法を探そうと考えた。

「住宅建設プロジェクトでは、日照方向や隣家との距離などの基準は非常に限られていて、入居世帯の多様性とか建物同士の条件、風土的な多様性、相互のつながり、雨・風から守る場などに関しては何もありません」

インゲルスは、初期にこうした住宅建設プロジェクトに関わった経験から、標準的な解決策を回避するには、与えられた基準を正面から受けいれることしかないと悟る。制約事項が顧客から提示されたものであれ、文脈的に出てきたものであれ、制約事項に楯突くのではなく、特に敷地の条件については、あえて制約を加えることにしたのだ。

ところで、彼の好きなゲームの一つがツイスター（指示に従ってマット上の四色の丸マークの上に、倒れないように手や足を置いていくゲーム）といったら、皆さんはニヤリとするのではないか。

彼が手がけた建物と同じように、ツイスターのプレイヤーは初めは「正常」に見える。専用マットの上に両足をつけてまっすぐ立っている。だが、ゲームが進むにつれて、プレイヤーは体を曲げたり、ねじったり、屈み込んだりする。彼の建物も、ツイスターのプレイヤーと同じように当初は正常に見える。それが、勝負で与えられた課題をしなやかに解決する唯一の方法だからだ。

さまざまな情報、さまざまなデータを統合するプロセスこそ、ＢＩＧが建築業界で独特の地位を築いている一因だ。

ＢＩＧの建築のエネルギーは、美の哲学自体ではなく、経済性や財務状況、計画人員、歴史的な文化、規制、環境問題など、現場のあらゆる要素を融合した理解から生まれている。

「美的な観点からすべてを解決しようとするのではなく、制約条件は、サプライズの仕掛けや設計変更の招待状だと受け止めています。装飾を加えるのではなく、性能を加えることで設計を洗練させていくことができます」

現地が持つ実用性と美の両面の可能性

ＢＩＧは、ブダペストの大型公園にある民族博物館の設計の際、創造的なブレイクスルーを成し遂げている。

「博物館に〝ブダペストらしさ〟を取り入れたかったので、現地にしばらく滞在しました。(ブダペスト名物の)公衆浴場も訪れました。冬の夜一〇時でしたが、冬の夜空を見ながら温かい露天風呂で泳いだのを覚えています。ブダペストは東側世界と西側世界の接点であり、歴史的には中東、ロシア、東ローマ帝国とも国境を接したことがあり、どこか重々しい雰囲気も漂っています」

注目してほしいのは、インゲルスが現象学を使ってブダペストの街(「一定の重苦しさ」)や冬の公衆浴場での体験を表現している点だ。

インゲルスのチームでは、特に形式にとらわれることなく、現象学による表現を基に、現地がもつ実用性と美の両面の可能性を追求している。

「長い長い並木道をたどると、大きな公園にぶつかります。マスタープランは門のような構造でした。そこでここを我々のスタートラインにしました。それにしても、民族博物館やハンガリーの文化を世界に発信する建物として、門はどういう関係にすべきか定かではありませんでした」

ハンガリーの歴史の一端

インゲルスのチームは、ローマ時代の浴場とファサードの陶製タイルから歴史的な建築様式を用いて門のデザインを生み出した。

だが、インゲルスが言うように、

「核になるものがありませんでした。こういう小さなモデルをもれなく検討しましたが、まだ明確にできていない部分が残っていました。せっかくなら門は壮大にしたいというニーズもあるし、近くまで行ったら引き込まれるような魅力も持たせたいですし」

ＢＩＧでは、門とモニュメントそれ自体も民族博物館として機能させられないかと考え、常にこの課題に取り組んでいた。デザインとしては、不透明で大きく重々しいものと、もっと透明感があり近寄りやすいものとの間の緊張感を具現化させる必要があった。それが、ハンガリーの生きた歴史である。

「いっそのこと門を縦にスライスしてオープンにしたらどうかと言ったのです。そうすれば、美しい門も兼ねた完全一体構造の物体が目の前に現れることになります。内部はトンネルのようになっていて、トンネルの内壁が層状の展示スペースになっています。そこに民族学的なコレクションを展示します。トンネルを通過しながら博物館のみを見ることになります」

壁に埋め込んだガラス張りの展示ケースには、博物館のコレクションすべてが陳列されているため、来訪者が門をくぐれば、すべての収蔵品を見ることができる。豊富なコレクションを垣間見ることで、ハンガリーの歴史の一端を知ることができるのだ。

インゲルスは、次のように説明する。

「公園から並木道沿いに二〇〇メートル歩くと、凱旋門のような美しい門が見えてきます。さらに近くまで来ると、門の底部が曲線を描いているので、何かが違うと感じます。さらに近づいてみると、このモニュメントは人々が楽しめる空間になっていることがわかります。ここで来訪者を博物館に誘導し、コレクション全体を見てもらえるのです」

ひらめきの時間が恵み

ＢＩＧチームがコンピュータ上でこのアイデアを披露した瞬間、場の雰囲気が変わった。見ていた人々がはっと息を呑むのがわかった。やがてどこからともなく喜びの声が上がり、会場は熱気に包まれた。頭上で手を打ち合い、喜び合う姿も見える。

「これは素晴らしいものになると、チームメンバー全員が確信した瞬間でした」とインゲルスが振り返る。

この創造的なブレイクスルーの体験について、インゲルスは、よく整備された森を散策した瞬間に似ているという。遠くから見ると、単に無秩序な塊のように見える。木々は鬱蒼と生い茂り、好き勝手に生え放題になっているようにも感じられる。

だが、突然、すべてがきれいに整い、木々は見事な並木をつくり出していることに気づく。

「試行錯誤をしながらこのアイデアにたどり着き、これでいけると感じましたが、意味はありません。正しいアイデアで、突然コンセプト、プログラム、街の公園といったすべてのものがつながり、意味をもつのです」

このようなアブダクション推論に死角があるとすれば、間違った方向に誘導されてしまうことだ。完全な直観頼りに陥ることである。

インゲルスは、ジョージ・ソロスやロバート・ジョンソン、さらには後章で取り上げるほかの達人らと同じように、視点を変えてみる努力を怠らない。自分のアイデアが陳腐化しないように常に見直し、物事を進める際に決まりきった順序に固執することもない。

「我々はアイデアを３Ｄ化して検討します。計画されたセクションで吟味し、そのセクション、予測、物理モデルを評価します。その後、実際にプログラムをどのように収容できるのかという意味で広さを検討します。見方を変え、違った視点を取り入れるたびに、新たな発見があり、それを基に手を入れることになります」

「ずっとフラストレーションを抱えることになると思います。常に何かあることはわかっているわけですから。でも突然やってくるんですよ……」

と言いながらインゲルスは、何かがひらめいたときのポーズをしてみせる。

「チェックリストのように決まりきったものとは違うんです。こういうひらめきというのは、どんな角度から見ても、うまくいく気がする。こういうタイプのデータがすべて融合して何かの形、あるいは構造体をつくり出しているといえばいいのかな……」

そしてようやくうまい表現を見つけたらしく、こう締めくくった。

「要するに、議論の余地のない真実なんです」

ひらめきの瞬間。それが恵みなのだ。

第七章

「GPS」ではなく「北極星」を

自分が確かだと思っていることも、ところ変われば、すべて誤りである。

——バーバラ・キングソルヴァー『*The Poisonwood Bible*』

（邦訳『ポイズンウッド・バイブル』）

センスメイキングの達人

九〇年代後半、米国海軍兵学校は、天測航法（天体観測で自船の位置を特定して航海する技術）の課程を廃止し、ＧＰＳと衛星の技術を柱としたトレーニングに置き換えた。だが、ハッキングの脅威を懸念して、結局、この決定を覆した。二〇一五年、同校は、天測航法の実践的な知識の習得を海軍将校に再び義務付けると発表した。

天測航法の専門家、フランク・リードは、米国のラジオ局WBURの「Here & Now」という番組に出演し、海軍兵学校が従来の航法に戻した決定について、ありし日への郷愁という説を否定したうえで、次のように説明した。

「航海士は誰しも、手に入る情報なら何でも利用すべきです。そうすることで、やみくもにGPSや衛星を追いかけるのではなく、さまざまなかたちのデータを組み合わせ、解釈することこそ、航海の基本なのです」

天測航法を、今日の組織や企業の経営にたとえるとわかりやすい。一種類のデータに単に「反応」するのではなく、「あらゆる」データを理解することがリーダーの役割である。複数の情報源（機械的なものか人間によるものかを問わず）から得られる事実を解釈し、それに応じて戦略を策定するのである。

本章では、この解釈術に関して素晴らしい腕前を持つセンスメイキングの達人を何人か紹介したい。こうした達人のスキルは、数値化して評価できるようなものではない。このため、このような知性、特に感受性や素養、胆力に優れている点はあまり世に知られていない。

だが、来るべき世紀の問題の中でも、特に解決が困難だけれども、その分、旨味も大きい問題が「文化」に大きく依存しているとすれば、こういうスキルこそ我々は大いに大事にする必要がある。これから紹介する四つのストーリーは、社会福祉施設、政治改革、アクティブリスニング、文化的な解釈、分析的な共感、芸術的な一貫性に関するノウハウに出合うことになる。

一．シーラ・ヒーン　教室と一体になる

私はいつも、部屋の中心となる情緒面での興味を評価し、それに反応している。

シーラ・ヒーンは、交渉や競合解消の指導の達人である。かれこれ二〇年ほど、「ハーバード・ロースクールの難しい会話」と銘打った上級クラスのチームティーチングを実施している。

彼女が経営するコンサルティング会社トライアド・コンサルティングでは、法人顧客を対象に、職場での紛争や影響力、リーダーシップに関わる厄介な問題に対処する能力をリーダーに伝授している。

ある超大手企業に依頼された講習会では、さまざまな部門からの幹部社員で会場はいっぱいだった。講習会のテーマは、何らかの結果に対して意見や感想を返すための「フィードバック」。幹部社員がフィードバックをもらったり与えたりする際に、もっと生産性を高めるにはどうすればいいかがポイントだった。フィードバックにまつわる悩みやジレンマについて参加者に語ってもらうことになった。

すると、いかにもズケズケとものを言いそうなタイプの幹部社員が挙手して、「妻からあれこれ言われるのですが、その言い方に困っています」とこぼした。周囲からは、笑いがもれる。幹部は続ける。

「妻は、自分の希望を言うだけでは終わらないんですよ。おまけに、言っていることが信じられないほど不明瞭なんですよ」

自己防衛に死角がある

こうした講習会でのヒーンの役どころは、幹部に自分自身を見つめてもらうとともに、コミュニケーションの何たるかを学んでもらうことにあり、非常に複雑だ。会場の全員が幹部社員であることはわかっている。また手元には同社の組織図も用意されていて、その日の参加者全員の職務や上下関係なども記入されていた。

だが、こんな役職などよりも重要なのは、参加者相互の関係であり、また、互いにどう認識し合っているのかである。つまり、誰が尊敬されていて、助言や洞察に重みがあるのは誰か。「扱いにくい」と見られているのが誰で、信用があるのは誰か、みんなから愛されているのは誰か、といった情報である。

この男性がみんなに好かれていることはすぐにわかった。場の雰囲気や周囲の笑い声の温かさからそう感じ取ることができたのだ。だが、それだけでなく、人々が中途半端な笑みを浮かべていたことから、ふだんから発言内容が不明瞭な人と思われていることも伝わってきた。

「それで、そういうときは、奥さまにどんなふうにお答えになるのですか」

件の幹部にヒーンが問いかけた。参加者の好奇心がますます膨らんでいることがわかる。この幹部に、もっと突っ込んでいったらどんな展開になるのか、みんな興味津々なのだ。

幹部もヒートアップする。

「ですから、『結局、僕にどうしろって言うんだい？』と返すわけです」

手のひらを上に向け、納得がいかないそぶりを見せる。会場に対する不満のジェスチャーだ。

「何かいい案が思いついたら、後で教えてくださいよ」

そう言って質問を打ち切った。

ヒーンは躊躇することなく「『きちんとわかりやすく言ってくれるなら、話を聞いてやるのに』ってことですよね？」と助け舟を出す。

すると幹部は我が意を得たりといった表情を浮かべ、

「そうなんです。まったくもってそのとおり」

この時点で、会場に熱気がみなぎってくる。認識は波のように広がり、次々に参加者を巻き込み、やがて大きな力になる。

ヒーンがひらめいた。目の前の難しい状況を前に、ある決断を下したのだ。この洞察の波にどのように乗れば学びを最大化でき、それに伴うリスクを抑え込めるかだ。

あの幹部は、フィードバックを避けようとしているのに、そのことを本人はわかっていない。会場の参加者は、そのおかしさに気づき始めた。気づいていないのは本人だけだ。

多種多様なデータを処理

さてここで講師としては、この幹部をだしに、みんなの前で今、見抜いた事実を披露し、それを足がかりにワークショップに突入するべきか、それともこの会話はここで終止符を打ち、全参加者には後ほどこの話を自分で振り返って何らかの学びとしてもらうことに期待するか。

彼を利用すれば会場での教育効果は大きいかもしれないが、幹部本人にしてみれば一種の晒《さら》し者にされるわけで、辱《はずかし》めを受けたり、気まずい思いをさせたりすることにもなりかねない。もしかしたら怒りだしたり、不機嫌になったりするかもしれない。そうなったら、せっかく和気あいあいとした雰囲気で信頼関係も醸成されてきた場に水を差すことになる。

数え切れないほどの多種多様なデータを、ヒーンが達人の業で電光石火のごとく処理していく。組織図にとどまらない情報を、彼女は常に読み込んでいる(しかも一回きりではない)。そのときどきで変化する参加者それぞれの社会的文脈を、瞬時に処理していかなければならない。

だが、彼女が常に読み込んでおく必要がある関係性はそれだけではない。そこにいる幹部同士の関係性だ。彼らに自覚はあるのか。他者の意見に配慮できる顔ぶれか、それとも逆に見栄を張ろうとする面々か。そもそも、この場にいたいと思っているのか。皮肉屋ぞろいか。突然、人前で何かに合点がいったときに、それをおもしろがるタイプか、それとも屈辱的と捉えるタイプか。もっと重要なのは、自分自身のことについてユーモアのセンスがあるかどうかだ。

会場のムードが変化すれば、特定の受講者に関して彼女が受け取る情報も刻々と変わる。

この受講者が最初は無口でも、その場のムードが明るく楽しいものに変われば社交的になり、遊び心を発揮するようになる。

また非常に冷淡な反応を見せていた受講者が、上司や周囲の尊敬できる他の受講者からのフィードバックをきっかけに、積極的になったり、丁寧になったりすることもある。

だが、それで終わりではない。ヒーンは、この会社全体の企業文化も知っておく必要がある。ここにいる人々は、それぞれライバル意識を抱いているのか。平等主義者か。クリエイティブ志向か。頑固で攻撃的か。負け犬体質か。はたまた、ずば抜けて優秀か。独自の力があるのに、チームや部署として格下扱いをされているだけか。

そのような大きな視点で捉える場合、その文化の中にある摩擦の種を感じ取る必要がある。どこで誤解が起こるのか。特定の社員や部門をどのように抑え込む文化なのか。声を大にして指摘できる点は何で、依然として表に出ていないことは何か。ヒーンは、特定のタイミングで特定の受講者をどの程度後押しでき、グループとしてはどの程度後押しできるのか。

フィードバックのやり方

こうした点はいずれも、ヒーンの講義内容では触れられてはいない。用意されているコンテンツはいわば教科書的で、高い演奏テクニックを備えたジャズミュージシャンが演奏会場に到着する直前の状態と同じだ。

だが、ひとたび会場に入ったら、このコンテンツを使いつつも、会場の空気や受講者によって微調整をしなければならない。自分自身の枠から飛び出し、会場が魅力を感じるコンテンツにしなければならない。

会場が静まりかえってしまっても、ヒーンには打つ手がある。例えば、会場でヒーンは例の幹部に「要は完璧なフィードバックだけにしてくれってことですよね」と言いながら、いたずらっぽく微笑んで切り抜けている。その際、会場内には何かを期待するかのような忍び笑いが充満した。

「ええと」と幹部はやや戸惑いながらも「そうだと思います、たぶん」

「でも、フィードバックって『完璧』になると思いますか」

ヒーンはそう問いかけながら、やや間をおいた。この問いかけを咀嚼する彼の表情を見極めようとしたのだ。そして、こう付け加えた。

「だったら、奥さまにはフィードバックを絶対にさせないほうが得策じゃないかしら」

ヒーンは焦《じ》らし気味に迫る。幹部はじっと立ち尽くし、ショックを受けたようで一瞬、グラついた。すると、一同、大爆笑し、彼自身も笑顔を見せた。彼の表情や振る舞いがパッと明るくなり、自分自身や周囲との関係性について新たな認識を持つに至った。

「そりゃそうだね」と言いながら、仲間とともに自分のことを笑い飛ばした。

「言われてみれば、フィードバックに『完璧』なんてあるわけないか」

「実はね、私はいまだにそんな失敗をしていますよ」

ヒーンが受講者に打ち明けながら、受講者の視線を巧みに彼から引き剝がし、自分の講義内容へと戻した。

「フィードバックを受けるときに不明瞭だったり、偏りがあったり、内容が乏しかったりすると、本当にイライラしてしまうんです。でもフィードバックを与えたりもらったりすることは、完璧な言葉を見つけるのが目的ではないし、ましてや『適切な言葉』なんて無理です。実は『適切な姿勢』を持つことが目的なんです。

上手にフィードバックをもらおうと思ったら、誰かが自分に伝えようとしている内容に好奇心を持つ必要があります。たとえ仕事上の義務で報告にやってきたとしてもです。フィードバックしてくれる人々が何を言わんとしているのかを、がんばって見極めるのが普通です」

交渉のスキルを教える

その瞬間、緊張の糸が切れた。室内がまるで一つの生き物のようにヒーンの洞察を吸収した。講師と受講者がその場で「一つ」になったのである。

その後の昼食会では、件の幹部がヒーンのもとに近づいて礼を述べ、その日の学びがいかに「大きな収穫」だったかを伝えた。結婚生活を考えるうえでも、リーダーシップを考えるうえでも大きな意味があったのだ。

「私は、フィードバックの伝え方や難しい会話の進め方について研究している成果を教えるだけでなく、受講者とのやり取りも重要な要素になっているんです」

ヒーンは講習会が終わった後で、筆者にこう説明してくれた。

「講義それ自体は、一種の交渉なんです。何を交渉しているかというと、相手の関与と信用を得る交渉です。そして、受講者には、新しいことに挑み、弁解がましくならずに失敗を白状する意欲を持ってもらう必要があります。こういうスキルを教えているんですから、自分の講義にも、そのスキルを使わない手はありません」

指導だろうが、複雑な紛争の仲介だろうが、ヒーンは複雑な人間のシグナルを「川の横断」として読み、経験全体を表現する。

「自分の内なる声が生まれても、用意してあるコンテンツに邪魔されてしまう瞬間がありま す。もっと明確に説明する方法とか、次に話す内容とかですね。でも必然的に私は川の向こう側に飛び出しても、いつでもコンテンツに戻れるようにしておくんです。私の内なる声は完全に会場の人々に着目していて、私に役立つシグナルがあればもれなく拾い上げて解釈し、受講生の学びや進歩を支援します。逆にコンテンツに沿って話しているときは、瞬時に文脈に対応できるようにしています。このため、すべてがリアルタイムに進んでいくのです」

二・マルグレーテ・ベステアー　ルールの行間を読む

どういう影響があり、どういう機会が生まれるのか理解することなく、単にルールを適用するのは危険である。

二〇一四年、欧州連合（ＥＵ）の公正競争管轄機関のトップである欧州委員会競争政策担当委員にマルグレーテ・ベステアーが任命された。

二〇一五年には、欧州でのグーグルやロシア国営ガス大手ガスプロムの独禁法違反問題に着手するなど、マスコミに大きく注目された。ベステアーはデンマークで二八年の政界経験のあるベテラン政治家だが、官僚とはまるで無縁だった。

「官僚制度の中で使われるデータは非常に抽象的で、ほとんどが数字と報告です。専門的に見ればデータは整っているのですが、その背後にはどのような人々の状況があったのか感じ取ることが非常に難しかったのです。本来、人々がどういう状況にあるのかが重要なのですが」

ベステアーは自身の仕事について、絶えず総論と各論の間を上手に行き来することだという。

EU、とりわけ彼女の役どころは、規則を守らせるためにある。だが、個別の状況の特殊性をきめ細かく理解しなければ、取り返しのつかない失敗を犯しかねない。

「制度は、一般論として物事を処理するために定められていますが、それで間に合わない部分はきちんと埋め合わせる必要があります。ですから、例えば経済データだけを根拠に、何らかの判断を下すわけにはいかないのです。肌で感じることも必要だと思います。決して筋の通らない馬鹿げたやり方だとは思いません。何かについていろいろな角度から眺め、頭だけでなく、心で、人情で捉えるうえでも有効な方法です」

ベステアーは先ごろ、イタリア鉄鋼メーカー、イルバに対するイタリア政府の国家補助金疑惑の捜査に乗り出した。政府の補助金が、同国タラントにある鉄鋼工場の刷新に使われた可能性があるからだ。この公的支援のおかげで、ＥＵ最大規模を誇る同社は生産設備の最適化が実現した。

タラント工場の今後の生産力は、ブルガリア、ギリシャ、ハンガリー、クロアチア、スロベニア、ルーマニア、ルクセンブルクの七カ国の全鉄鋼メーカーの生産力を「合算」した量（二〇一五年度実績）と同等になる計算だ。

一流シェフとレシピの関係

最近、欧州の鉄鋼産業では安価な中国製品の流入を受けて失業率が上がっていて、こうした状況を考えれば、ベステアーは単純明快な判断を下したように思える。実際、イタリア政府によるイルバへの国家補助は、自由競争に反するものだ。白黒のつけやすいケースである。だが、ベステアーにとってはそんなに単純な判断ではなかった。彼女の仕事には、一貫性が求められる。規則の執行役という仕事は、常に変化する政治状況のバロメーターという性格が強い。

「一万五〇〇〇人が働く工場を潰せば、地域全体にしわ寄せがいきます。労働者や地域の状況も大切ですし、もっと重要なのは当該地域に新たな活路を見出す余力があるかどうかですが、このような点を理解しておかなければ、地域経済を衰退させておしまいということになりかねません。こうした影響や機会の理解なくして、規則を単純に押し付けることは危険なのです」

ベステアーは、こういった規則を一流シェフとレシピの関係に例える。

与えられた使命に四角四面にこだわるのではなく、もっと柔軟性のある対応をめざしている。彼女の判断は、抽象的な指針を超え、個々の文脈に自らどっぷりと浸かって導いている。こういう対応ができるのも、長年の政治経験と無縁ではない。

何しろ、政治の世界では協力関係も有権者の顔ぶれも絶えず変化している。それだけではない。第四章で紹介した分析的な共感力を駆使して、タラントなどの地域が置かれた状況、つまり世界を深く理解しようとしている。

「人々とつながるなら、自らそこに飛び込み、彼らの行動や可能性を肌で感じるのが一番です。でもそれが無理であるなら、現地に伝わる物語を読むことだと思います。パリの街はずれで育った人の物語を読めば、若い移民の暮らしぶりを感じることができます。イタリアのアルバニア人難民の体験を感じ取るなら、そういう物語もたくさんあります。それがフィクションであり、統計データや報告書ほど科学的でないことも問題ではありません。人間の体験を描いていているからこそ、真実を語っているのです」

「虚飾の隔たり」

ベステアーにとっての課題は、ＥＵ本部の官僚主義体質の中でこの手のデータが蓄積されていることに、警戒を怠らないことだ。

「仕事柄、どうしても現実から遠ざかってしまいがちですが、本来、こうであってはならないのです。もっと現実に深く入り込んでいなければいけません」

官僚的な仕組みの排除に向けた一環として、ベステアーは就任早々に執務室のレイアウトを即座に変更した。それまでトップの席は、アシスタントやら側近やらが壁を築くように取り巻き、本来なら必要な現実世界の情報がブロックされていた。使命を全うするうえで本来、彼女がいるべき場所からは、はるか遠く離れたところに執務用のデスクがあったのだ。

「私と職員の間には大きなテーブルが置いてありました。これは権力の象徴です。問題は二つありました。まず、私の五感がブロックされているので、職員の動きも要求もニーズもまったくつかめないことです。それから、職員が対等ではない状況に置かれていたので、自分の発言内容に対する責任感が乏しかったことです」

これをベステアーは「虚飾の隔たり」と呼ぶ。権力者と職員の間に官僚体質が生み出した距離である。そこで彼女は自分のデスクを横に動かし、面会に訪れた人々と直接接触できるようにして、力関係の解消に努めた。

これで彼女は職員と自由に接触でき、職員から見ても近寄りがたさはなくなった。

「ある意味で、職員にとってはずっと厳しい環境になりました。私に話しかけるとき、対等な関係を意識しますから、自分の発言内容に対する責任感も高まることになります。当然、最終的な責任は私にあり、私が負うわけですが、二人の人間がお互いに同じ条件で話していれば、言った言わないの問題もなくなります」

人々の暮らしや不安に寄り添う

グーグルのようなＩＴ業界の巨人に対しても、ベステアーは物怖じせずに独禁法違反で切り込んでいる。

グーグルの検索結果からライバルの情報が意図的に排除されていると初めて主張し、その後、グーグルのモバイル向けＯＳ「アンドロイド」についても独禁法違反で追及している。

その際、彼女は常に周囲の管理機関や文化全体の反応を見極めている。そうすることで、政治システム全体にどっぷりと浸かり、あたかも自分の身体の一部のように感じ取ろうとしているのだ。

「関係省庁や関係者の対応準備が整っていなければ、私の力業のように見えます。たとえ適切なタイミングでの行動だったとしても、砂浜に立って海を眺めているような感じがします。完全にオープンな姿勢と、完全にしっくりとくる感じで、当事者でない気がします。妙に聞こえるかもしれませんが、これから対応しようとしている人々と一体になった感じを大切にすることが成功の秘訣です。こういった人々の暮らしや不安に寄り添うことが大事なのです。それこそが、彼らの身になって考えるということなのです」

三．クリス・ボス　敵対する世界を理解する

彼らの文化を認め、工作から協力へと関係を転換させる必要があった。

二〇〇六年一月七日、ジル・キャロルという若き米国人ジャーナリストがバグダッドのアデル地区で、待ち伏せしていた覆面武装勢力に誘拐された。キャロルを送迎していた運転手は何とか逃げ延びたが、通訳は射殺され、その場に放置されていた。イラク戦争中の外国人ジャーナリストへの攻撃はキャロル誘拐で三一件目だが、ニュースは世界を駆け巡り、支援の輪が広がった。

キャロルの動静が不明のまま二週間近くが過ぎたが、一月一七日、アルジャジーラが彼女の出演ビデオを放送した。

ジル・キャロルの声は編集で消され、頭には何も被らず、髪は乱れていた。左右には、覆面に黒装束の男二人が銃を手に立っていた。さらに本人のすぐ後ろにも、やはり覆面・黒装束の男が立ち、彼女の頭の上で本を抱えていた。ビデオは、イラクの監獄にいる女性すべてを七二時間以内に解放しなければ、キャロルは即座に処刑すると要求していた。

ビデオに込められたメッセージ

このような危機的な状況で、ＦＢＩは高いスキルを備えた交渉役のチームを編成し、次のステップに進めようとしていた。このＦＢＩ危機交渉班で国際誘拐交渉役のリーダーを務めたのが、二〇年以上の経験を誇るＦＢＩ捜査官、クリス・ボスだ。

彼は、最初に放映されたキャロルのビデオのことをよく覚えている。長年の訓練のおかげで、すぐにビデオに込められたメッセージを読み取ることができたからだ。

「事件が起こったときは、厄介なことになったと思いました。でもビデオを見ると、すでに彼女については結論が出ているとすぐにわかりました。彼女のすぐ後ろで本を手にした男がいましたが、あれは、彼女を上層部が尋問し、結論が出ていることを意味しています。彼らとしては、これを殺人ではなく国家による正当な死刑執行だと印象付けるつもりなのです」

ボスの交渉はいつもそうなのだが、キャロル事件の最大の優先事項は誰が誰と交渉するかの決定だ。ボスは、誘拐犯グループの要求はかたちだけだと判断した。何しろイラクで収監されている女性の数を正確に調べる現実的な方法など、米国はもちろん、誰にもわからない。ましてや、人数もわからないのに、わずか数日で全員が解放されたかどうか、どうすればわかるというのか。こういう無茶な要求は、誘拐犯側がまだ西側の誰とも交渉していないことを示す最初のサインだった。

「あのビデオが狙っていた視聴者は、実は私たちではありません。どちら側につけばいいのか心が揺れている中東の人々に語りかけていたのです。だから、次のステップは、そのようなグループに共感が得られるようなコミュニケーションの方法を選ぶ必要がありました」

アクティブリスニング

こうした神経を使う交渉では、主にメディアの報道に左右されるのだが、多くの課題は、取材対象となる人質家族に効果的な指導を施し、うまくメディアにメッセージを届けられるかどうかにかかっている。このメッセージが、放送を通じて世界に発信されるからだ。

「キャロル事件に着手するまでに、イラクの武装勢力にとって最も重要な文化的テーマについて理解を深めておきました。工作から協力へと関係を少しでも変えられる望みがあるのなら、彼らの文化について認める必要があったからです」

ボスにとって、この転換はアクティブリスニング（積極的な傾聴の姿勢）に始まり、アクティブリスニングに終わる。このアクティブリスニングは、ボスによれば、複雑な社会問題を解決する際に一番使われていないツールだという。

だが、特定のタイプの感情移入に取り組む場合、有効な手立てはアクティブリスニングしかない。第四章で紹介した分析的共感とよく似ている。

「このタイプの共感ではないものを挙げるほうが簡単でしょうね。愛想よくすることでもないし、同調することでもないし、相手方の『肩を持つこと』でもありません。率直に観察し、見たままにはっきりと表現することなのです。イスラム過激派組織のテロリストで人質殺害の実行犯でもあるジハーディ・ジョンにさえ共感することは可能です。だからといって、彼の行為を容認するわけではありません」

明確な真実を表現する

それまでの事件を手がけた経験やこの手の交渉に関する優れたスキルを生かし、ボスが率いるチームは適切なメッセージを綿密につくり上げた。この方法では、家族や政治家などを含め、メディアとの接触がある全関係者にメッセージを伝えておく必要がある。

「ジル・キャロル事件について誰かから尋ねられたら、『(乱れた) 髪をスカーフなどで覆ってあげることもしないなんて、まったくもってひどい扱いと思いませんか。彼らは自分たちのルールを破っています』と言うことにしていました。すると、政治家、メディア、家族が『まったくもってそのとおり』と応じる。メディアに登場するたびに、いかに無礼かという見方を繰り返すことになります。我々が用意したメッセージを関係者に直接説明することはできません。あくまでも我々を通じて真意を汲み取ってもらうほかありません。そうすれば、彼らが感情をたっぷり込めてメッセージを繰り返すことができます」

メディア操作は、多角的戦略の一歩だった。同時にボスのチームはジル・キャロルの家族の協力を取り付け、取材を受ける際のコメントの仕方を指導した。

「効果的に交渉を進めるためには、まず明白な真実を表現することが大切です。明白な真実があれば、どちら側の人間にせよ、誰も異議を唱えることはできませんから。皆さんはどうしても『彼女は無実だ』とか『彼女が誘拐されるいわれはない』などと言ってしまいがちです。こうしたメッセージがメディアを通して伝えられると逆効果なんです。これでは誘拐された側の論理だけを振り回していることになります。ですが、テロリスト側か被害者側のどちらにつけばいいのかで心が揺れている中東の人々に語りかける必要があるのです」

キャロル家の中でも、母親や妹など数人は、このような徹底した筋書きに効果があるのか確信を持てずにいた。胸の内にある憤りや不安、悲しみを自分の言葉で吐露したかったのである。

名誉の盾で守られる

一方、父親のジムはこの作戦に同意した。そこでボスは父親にメッセンジャー役を担ってもらうことで、武装勢力に暗に敬意を示すきっかけにしようと考えた。中東の文化では、敬意はすべて父親を通じて示されるからだ。CNNと独占取材契約を結び、父親自身の主張を述べている姿のみ撮影し、インタビュー形式の質問や発言の分析は一切しないという条件で父親が取材に応じた。この映像は、中東のテレビ局アルジャジーラにも直接送られた。

「お父さんには、全般的な対応方法を指導しました。まず強調したのは、『ジル・キャロルはあなた方の敵ではない』という明白な真実に基づくメッセージです。ここを出発点に、中東の視聴者にアピールしていく方針をとりました。そして『ジル・キャロルはイラクの人々が置かれた窮状を報道していた』と訴え、最後に『娘を解放してくれれば、再び同様の取材活動が続けられる』と語りかけることにしました」

この映像は、中東のメディアに編集なしに配信された。もちろん、ボス率いるチームは、この映像がいつどこで放映されるのか知る由もなかったが、どこかの時点で武装勢力の目に触れるだろうことだけは自信があった。ジルが解放されてから、ボスは、父親の言葉が人質解放に大きな役割を果たしたことを知った。

「ジルから聞いた話では、誘拐犯グループがアルジャジーラで放映された父親の姿を見て、『あなたのお父さんは立派な人だ』と語ったそうです。中東では、誰かに『あなたのお父さんは立派だ』と言わせたら、成功したも同然です。栄誉の盾で、あなたも家族も守られることになるのです」

武装勢力側から三弾目で最後のビデオが公開されたのは、二〇〇六年二月。彼女は、イスラムの衣装を身につけて座っていた。依然として解放への支援を嘆願する内容だったが、今回は彼女の肉声も入っていて、周囲に武装した男たちはおらず、彼女が単独で映っていた。

ボスが説明する。

「三弾目のビデオでは、まったく脅威が感じられませんでした。どのように解放すれば体面を保てるかを、誘拐犯側が探っているとすぐにわかりました。彼女は落ち着いていて、かなり丁重に扱われていたようです。映像の内容は彼らが一〇〇%コントロールできるわけですから、ビデオを見てすぐに彼女は安全だとわかりました」

交渉は感情制御能力

同じ年の三月三〇日、ジルは正式に解放された。バクダッドにあるイスラム教スンニ派の有力政党「イラク・イスラム党」事務所に徒歩でやってきて、そこにいた事務所関係者に無事解放されたと本人が伝えた。六〇日以上にわたってとらわれの身だったが、その間、人道的に扱われたと語ったという。

ボスは独自のスキルを駆使して、鋭い感情制御能力と、中東文化に関する経験や知識を見事に組み合わせていた。キャロル事件では、この二つの強みのどちらが欠けても、無事に解決することはできなかったはずだ。

「交渉は感情制御能力です。相手方の感情をうまく誘導できるかどうかで成否が決まります。人質がいる状況では、ふだんよりも感情的になりますが、それで何か変わるわけではありません」

ボスは、交渉役として物事を解釈する高いスキルを備えているが、自分自身の文脈、米国メディアの文脈、誘拐犯グループの文脈、そして推移を見守る中東の人々の文脈という、複数の文脈における語りとメッセージ伝達のあり方を理解したうえで、大きな勝負に出たのだ。大きなオーケストラの指揮者のように、一つひとつの文脈をうまく演じきったのである。

「よく言うことなのですが、最も危険な交渉とは、自分がどういう交渉の当事者になっているのかを気づいていないケースなんです。テロリストが映像で米国人を脅迫していますが、実際に、誰に見てもらいたいと思っているかわかりますか？　実は米国人の反応なんて気にしていないのです。彼らが意識しているのは、今や彼らの憧れの的であるジハーディ・ジョン（イスラム過激派組織の一員で、数々の人質殺害を実行してきた男）なのです。ジハーディ・ジョンになりたいと思っている悪党予備軍は、世界中にいます。そういう連中が、一旗揚げたいと考えているのです」

ジル・キャロルを支援するメディアや政治団体はほかにもいくつかあり、それぞれに解放を求めていたが、後にキャロルが語ったところによれば、父親のテレビ出演を境に誘拐犯グループによる彼女の扱いががらりと変わったという。

「テロに対する最も効果的な武器は、真実です。この場合の真実とは、ジル・キャロルが誘拐犯グループの敵ではないということでした。父親はこの真実を語り、世界中にこの発言が広まっていきました」

とボスは振り返る。

目利きになる

これまでに紹介したシーラ・ヒーン、マルグレーテ・ベステアー、クリス・ボスはいずれも優れた解釈能力を発揮しながら、それぞれの世界で見事に対処していった。この点についてもう少し理解を深めるため、美術品や料理の世界で使われる「connoisseur（コネスール＝目利き）」という言葉に触れておきたい。

せっかくセンスメイキングを学んでいるのだから、ここでもこの言葉の意味をフランス語の語源にさかのぼって考えてみよう。

元になっている動詞の「connaître」（コネートル）は「知る」あるいは「（人・場所に）馴染みがある」という意味だ。達人ないし目利きを意味する「connaissance」（コネサンス）は、知識体系、つまりは知識の大海を自由自在に動き回ることを意味する。

教育であれ、人質解放交渉であれ、政治であれ、我々が選んだ分野に深く関われば関わるほど、知識を深く体系化できるようになる。

肉料理のテクニックを例に考えてみよう。

米国では、ステーキの焼き加減は「レア」から「ウェルダン」までの五段階があると考えられている。ところがフランスの文化では、肉にしろ、調理法にしろ、もっと奥が深い。フランスのシェフは九種類の焼き加減を使い分けなければならない。熱したフライパンにステーキ肉を軽く触れた程度で内部はほぼ生の「ブル」に始まり、表面が焦げてガチガチに硬くなるまで焼き上げる超ウェルダンともいうべき「カルボニゼ」まである。フランス料理では、レアとミディアムレアの間にも非常に重要なポイントとなる「ア・ポワン」という焼き加減も存在する。こんな焼き加減は米国ではオーダーできない。

我々のセンスメイキングも経験を重ねるうちに、さらに分析的なカテゴリーを発見するようになる。これがコネスール＝目利きになる道であり、世界を自在に泳ぎ回る術なのである。

『ああ、そこは補習席よ』

シーラ・ヒーンを思い出してみよう。彼女の手法は、会場に集まった受講者の雰囲気について知識を次々に増やしていく点が特徴だ。現在は経験を積んでもっとたくさんのムードを識別できるようになっているはずだから、指導目標にさらに的確にたどり着ける。

会場が静まりかえり、よそよそしい雰囲気が漂っていて、受講者が疲れた表情や内気な表情を浮かべていたら、ユーモアや遊び心を加える。

逆に「なんで今さら講義なんか受けなきゃいけないんだ」と思っているマネージャー層に多いのだが、反抗心や不機嫌さに満ちていたら、そういう受講者の気持ちに寄り添い、受講者の関心事項に自分を合わせる作戦に出る。受講者側に自分から歩み寄り、イライラの理由を打ち明けさせる方向に持っていく。

「以前なら自分のやり方にこだわり、用意した講義内容を受講者にどう説明するかということばかりに全神経を集中させていました。でも長年にわたって、たくさんのグループを相手に経験を積んできた今は、教材内容にも自信があるので、自然に講義を進めながら、場の雰囲気に合わせられるようになりました。受講者の表情もよく見えるようになりました。誰が集中していて、誰が気が散っているのか。何ごとにもユーモアを持ってオープンに取り組める受講者、いまひとつ気乗りしていない受講者もわかります」

彼女の指導が達人の域に達すると、人々の反応を分類する分析的なカテゴリーはますます増えていった。ヒーンは、自身と各受講者の間にある力学だけでなく、受講者の間にあるさまざまな関係性も認識できるようになった。この仕事を始めたばかりのころは、誰がリーダーで、それ以外の人々はこのリーダーの下で働くマネージャー層というようなことくらいしかわからなかった。

だが、経験を積むうちに、このカテゴリーの数が何十、何百にも増え、会場にいる受講者の関係性を見抜いて階層構造を思い浮かべられるほどになった。ヒーンは人間関係や社会のムードを見極めるコネスール、つまり目利きになったのだ。ヒーンは、ロンドンで特に優秀な銀行関係者が参加した際の様子を振り返り、次のように説明する。

「全員が有能で、序列らしい序列もありませんでした。それならば、あえて地位を利用して、遊び心を加えた指導ツールにしてしまおうと考えました。後方のテーブルにいるグループの名前を呼び忘れたとき、冗談で『ああ、そこは補習席よ』と言ったら、一同大爆笑で好意的に受け止めてくれました。銀行業界でもとびきり有能な二五人だったからこそ通じるジョークでした。これで気心が知れて、互いに深く学びあえる機会になりました」

会話にそれとなく現れるプラスとマイナス

ＥＵの委員であるマルグレーテ・ベステアーの場合、センスメイキングの知識を特徴付けているのは、政治制度全体の中で異なるリズムへの感受性を高めることだ。政界を二〇年以上経験してきただけに、ほかの人には見えない改革の可能性を感じ取っている。同じように、どういう場合に物事を前に進められないのかもわかっている。

「『いつ』実行するのかということは、何をするのかと同じくらい重要なんです。新しい構想や政治プログラムを立ち上げるまでの期間が非常に限られていることも、珍しくありません。とにかく手探りで、これを理解することになります。人々の準備は整っているのか。もっと大きな変化にも耐えられるのか。これを実行する場合、人々はどのような精神状態なのか」

交渉役のクリス・ボスは、人々の声に表れる感情の変化に対応する術を身につけている。聞き役としての能力を駆使して、協力してもらえる余地があるかどうかを判断している。「会話にそれとなく表れるプラスとマイナスを感じ取れるようになってくると、プラスを強め、マイナスを減らすことができるのです。それで十分というわけではありませんが、ある意味で常にその手が使えるのです。当然、練習が必要で何もしなければすぐ腕が落ちます」

こうした取り組みには、必ず危険な甘い囁《ささや》きがある。それは、「モデルや理論をつくって、一つの枠組みの下でさまざまな要素をもれなく体系化してしまえ」という発想だ。例えば、GPSを組み込み、衛星で誘導してもらえば暗闇でも進んでいけると考えがちだ。だが真のコネスール（目利き）は、唯一の正解などないことを心得ている。本来、ナビゲーションという考え方は、すべてに注意を払えばいいというものではない。何かを巧みに解釈することなのだ。

この世を理解する方法

ヒーンは、講習の際、階層構造が果たす役割に特に注意を払っている。彼女が会場に入った瞬間、自分の地位がどう受け止められているのか察することができるし、学習環境を充実させるきっかけづくりとして、そのときどきの自分が置かれた立場を拡散あるいは向上させる方法も見えてくる。

ベステアーは、自身の政治活動がもたらす二次的、三次的な影響を把握しておく必要がある。そのために、まるで親友のことのようにEUの統治制度について知識を蓄えてきた。今は、新しいシステムに遭遇するたびにその解釈を深め、そこにストレスが渦巻いているのか、興奮気味なのか、期待に満ちているのか、それとも意気消沈しているのかがわかるようになった。この知識を頼りに、どのような変革が可能か判断を下すのだ。

ボスは、メディア操作のニュアンスを敏感に察知している。捜査中でも立てこもりの状況下でも人質解放交渉中でも、常に「一方的な操作」から「双方の協力」へと移行する機会をうかがっている。影響力を行使したり、力をチラつかせたりすることなく、人々に進んで話をさせることに長けているのだ。

このようにして三人の達人は自らのスキルを土台とした視点を磨いてきたのだ。この視点こそ、目利きの真骨頂ともいうべき美的判断に最終的につながるのである。その瞬間、ナビゲーションは解釈の技となる。自然科学だろうが人文科学だろうが、両方のさまざまな道で同じ目的地にたどり着ける。

では、どれが最も美しいのか。最も魅力的なのはどれか。最も強力なのはどれか。最も喜びが感じられるのはどれか。アルゴリズムがあれば、最適化にはたどり着けるが、芸術家や思想家、数学者、起業家、政治家など、冷静に物事を見る目がある者だけが、目的地の意味を解釈できる。達人は人生をかけてこの解釈の技を追求している。これこそが、世の中を理解する方法なのだ。

センスメイキングの錬金術

カリフォルニア州ナパバレーを走るハイウェイ二九号線から少し入ると、グレーの大きな建物が見えてくる。ひと時代前のすっきりとしたシルエットが美しい。その建物の前には、一万平方メートルものブドウ畑が広がっている。セントジョージという品種の台木を育てているのだ。庭には、ロープにいくつかの結び目を作っただけのブランコ風の遊具がぶら下がっている。小さな駐車場にはプリウスがポツンと停《と》めてある。

実はここ、カリスマワイン醸造家として著名なキャシー・コリソンの活動拠点であるコリソン・ワイナリーである。試行錯誤の末に行き着いた独自の手法でナパバレー・カベルネ・ソーヴィニヨンを生み出し、すでにその歴史は四〇年近くに及ぶ。建物の内装はいたって質素で、本格的なテイスティングルームなどない。ワインタンクや樽のすぐ隣にピクニックテーブルがあり、ワインボトルやグラスが置かれている。

筆者を迎えてくれたコリソンは、物静かだが内なる力を秘めていた。六〇代前半のコリソンは、ここナパバレーの地域で一目置かれる存在だ。ワイン研究では米国トップと名高いカリフォルニア大学デービス校でワイン醸造学の修士課程を修め、ナパバレーで働き始めた。

禁酒法時代が終わってからも、ナパバレーのワイン産業は長い間、あまり状態のよくないブドウ畑がいくつかあるだけで、肝心なワインは甘口ばかりといったありさまだった。いわゆるワイン名産地としてのナパバレーが頭角を現したのは一九六〇年代半ば。カリフォルニア大学の研究がきっかけだった。

そして一九七六年、コリソンがナパに登場する。フランスのワイン評論家によるブラインドテイスティング（ボトルやラベルを隠したテイスティング）で、カリフォルニア産ワインの評価がフランス産ワインを上回ったため、それまでフランス産が席巻していたワインの世界は騒然となった。

新たなワインとワイン醸造法の出現を受け、ナパバレーは一躍ワインの一大拠点となった。伝統的な欧州のワイン醸造家と異なり、米国のワイン醸造家は低温発酵といった新しい技術を積極的に取り入れた。ちなみに、この低温発酵では、ブドウを二重構造のステンレス製タンクに入れ、内タンクと外タンクの空間に冷却液を流すことで発酵をコントロールできるため、爽やかですっきり感の強い米国産らしい白ワインが生まれる。

理想のワイン

こうした新技術の登場とともに、コリソンの時代が開花した。カリフォルニア大時代の仲間とともにワイン醸造を始めた当時、学校で学んだ知識だけで物事を捉えていたため、科学的知識が欠けている昔ながらの醸造家を見下していたという。それから四〇年の歳月が流れ、コリソンの見方はがらりと変わった。

「ベテランにはベテランならではの知恵がたくさんありました。私たちは自信過剰でしたね。知れば知るほど、自分がものを知らないことに気づかされました」

一九八〇年代末ごろから、当時すでに有名だったシャペレのブランド名でのワイン造りを一〇年近く手がけた。シャペレのブドウ畑はナパバレーの小高い丘の上にあり、数シーズンも干ばつに見舞われていた。そこでコリソンらがラザフォードベンチと呼ばれるエリアで栽培したブドウを提供していたのだ。

「ベンチ」は段丘の意味で、水はけの良い肥沃な沖積土のため、岩場の多い丘の上とは大きく条件が違っていたのである。特にこのベンチは砂利を多く含むローム層で、砂、シルト（沈泥）、粘土がほぼ等分に混ざった土壌のため、優れた保水力がありながら、水はけが良いという特徴がある。ローム層の土壌で栽培すると、春から夏にかけての成長期に必要な水分が確保される。一方、砂利のおかげで水はけがいいため、雨が降らなくなれば、ブドウは成長を止めて熟成が進むことになる。

「熟すべきタイミングでもカベルネが成長を続けてしまうと、青いフレーバーが残ってしまいます」

カベルネ・ソーヴィニヨンが熟成すると、赤、青、紫、黒のフレーバーが強まるとともに、青い香りは抜けていく。

「成長が止まれば、熟成が一気に進むため、糖分があまり高くならないうちに完熟させる可能性が高くなるのです」

この肥沃な沖積土の土壌でコリソンらがブドウ栽培を始めたところ、これこそ自分が造りたかったワインだと気づいた。

「自分の中に理想のワインがあって、それが外に出たがっていたんです。そうとしか表現できません。力強くてエレガントでした。カベルネは黙っていても力強くなるのですが、そこに上品さも加わっている点にとても魅力を感じました。ナパバレーの低地のブドウを使うようになって、私の中に眠っていた理想のワインは、ラザフォードベンチで育つのだと確信しました」

一九八七年からコリソンはこのビジョンを掲げ、自分が理想とするワイン造りに着手した。生産施設を持て余しているワイナリーに設備を貸してもらい、自分だけのナパバレー・カベルネを生み出した。

老人だからこそ賢い

一九九五年、ラザフォードからセントヘレナにかけての小さな土地を夫婦で購入した。ほかの醸造家から見れば、ブドウの植え替えが必要だと思うだろうし、建物もボロボロだったことから、こんな土地には誰も見向きもしなかった。コリソンは夫とともに精を出し、廃屋同然の建物を化粧直ししてワイン醸造の設備を運び入れた。セントジョージの台木にあった古いブドウを植え替えることはせず、むしろ夫婦はこれを大事にした。

「あの年老いたブドウは賢いんです。老人だからこそ賢いんですよ。おそらく根の深さと関係があるんでしょうね。暑い時期になると、若いブドウ畑が軒並み苦しんでいるのに、この年老いたブドウは上品に生きながらえているんです。何かを知っているんですよ」

その当時のナパバレーのトレンドは、とにかく派手に目立つことだった。カリフォルニアの新興ワインメーカーは、実を木につけたまま長く熟成させ、力強いアロマとフレーバーを造り出そうとしていた。このようなワインはアルコール度数も一四%を軽く超えるようになった。ワイン評論家の間では、これを「芳醇な味わい」と評価する声もあれば、「フルーツ爆弾」と揶揄する声もあった。

一九八〇年代末から一九九〇年代初めにかけて、ナパバレーは農村の雰囲気が次々に失われ、金持ちと有名人の遊び場のようになっていった。このワインの芳醇な味わいは、こうしたワイン愛好家たちの好む仰々しさの表れでもあった。このように芳醇なコクのあるワインに関わる「数字」は、すべて科学的に正しい。どのワインも技術的に問題ないし、化学構造的にも欠点はない。ワインメーカーは「芳醇な味わい」のワインの特性を明記していて、ブドウの糖度、酸、pHレベルはすべて適正範囲に収まっている。だが、ワインの熟成にはもっと微妙なニュアンスのストーリーがある。コリソンが説明する。

「熟成は年によって始まる条件が異なります。実際にブドウ畑でブドウを直接見ていなければ、正直言ってわかりません。データはその一部にすぎません。ブドウの果実が成熟していくうちにブドウの木には疲労が溜まり、ときには木がしばらく音を上げてしまうことがあります。そうなると、本当の意味での成熟は終わってしまいます。これが大きな問題なのです。しかるべきタイミングであらゆる条件がきれいに重ならないと、うまくいきません。これは生物学と化学の領域ですが、同時に錬金術でもあるのです。技術的には、まだ我々にわからないことがたくさんあります」

コリソンがワインやワイン造りについて語るとき、一つひとつの言葉には自身とこの土地との関係がはっきりと表れている。ブドウの木は、土壌のpHや塩分濃度、石灰含量といった科学的な特性では測れない。彼女は「歳を重ねて賢い」と表現し、そこには「気品と品格」があるという。

「ここでは、ブドウを育てるのに必要な温度と日照の条件がそろっています。二〇一一年は低温に見舞われましたが、それでも必要な条件を満たしていました。また、冷え込んだ晩に霧が流れ込むため、天然の見事な酸性度が得られます。それに、この辺りのタンニンはベルベットのような香りがあります。もしタンニンの量を測定していたら、とんでもない高い数値になっていたと思います。でも、タンニンは一つの分子ではありません。複数の分子が集まっているため、苦みや渋みのあるものから、やわらかく滑らかで美しいものまで非常に幅があります。私が段丘で栽培された果実を好きなのは、そういう理由もあります。果実のフレーバーがありながらも、タンニンがおいしいのです。本当に心地よいのです」

データが詰まったスプレッドシートとにらめっこしていても、高層ビルの八七階辺りのオフィスで考えていても、こういう視点は持てないとコリソンは言う。タンニンがベルベットのように滑らかに感じられることを知っているのは、四〇年近くテイスティングを重ねてきたからだ。

最終的にコリソンがこの美的な判断を下せたのは、自分の文脈にしっかりと身を置いていたからだ。平たく言えば、関心を持っていたということである。

「最初は、欧州のワインから飲み始めたんです。その辺りの古いカベルネをテイスティングしまくって、気品とはこういうことかとわかりました。息の長いワインを造って、魅力の詰まった一本に仕上げられなければ、気が収まらないんですよ」

何らかの視点を持っていれば、つまりしっかりと関心があるなら、何が重要で何が取るに足らないことなのか直観的に察知できるはずなのだ。

何が何とつながりがあるのかわかれば、必要なデータも情報も知識も見えてくる。関心を持つことは、こうしたことを実現するための〝接着剤〟になるのだ。

逆に、筆者のコンサルティング経験から言えば、企業や組織が抱える問題の多くは「無関心」に原因がある。

時間の経過とともに経営の専門化が進むと、幹部階層にニヒリズムや意味の喪失が漂っていることに気づく。このニヒリズムは、とりわけ大企業の文化で顕著になる。

関心があるからこそ

こういう大企業では、経営が〝社長業〟という単なる職業になっていて、会社の製品やサービスとは強い関連がないと見られているからだ。何か有意義なものを生み出して満足するのならともかく、組織再編やら業務最適化、新規採用、戦略策定など、経営をして満足しているとしたら、いったいどうなってしまうのだろう。

化粧品だろうと、ソフトドリンクだろうと、ファストフードだろうと、楽器だろうと、経営者が自社の造っているものに関心を持っていないとすれば、社員は経営に対して何を思うだろうか。

関心がなければ、「正確さ」がすべてであって、「真実」はなくなってしまう。マルティン・ハイデガーによれば、関心（彼の言葉で言えば「ゾルゲ＝気遣い」）は人間らしさの象徴だという。

この「関心」は、物事や人に対するあからさまな感情的結びつきではなく、自分にとって重要なもの、意味のあるものという意味だ。この関心があるからこそ、非常に複雑な方法で物事との相互作用を持つことができるのであり、また、世界との関係を持つ新たな方法も見えてくるのだ。例えば化粧品業界なら、化粧品の意味に関心が持てなければ、理想的な美に関する文化的な洞察など得られるわけがない。自動車業界なら、クルマや移動について関心を持っていなければ、運転を取り巻く人間の現象を目の当たりにしても何の意味も持たないはずだ。関心がなければ、意味や洞察を大きな視野で捉えなくなり、単にデータが発生する個々の地点としてしか捉えられなくなる。

哲学者のアイザイア・バーリンの言葉を借りれば、「個々に存在するおびただしい数の蝶」ということだ。

コリソンも、関心があったからこそ、「ここから出してくれ」というワインの叫びが自分の身体から聞こえてきたことに気づいたのである。そして、そこで何年もあきらめることなく邁進し続ける勇気をくれたのも関心だ。今、流行っていても、一〇年前には存在さえしなかったものもある。

関心とは、彼女にとって航海するときの北極星のようなもの。だから、ワインや食の流行り廃《すた》りの中でも、ブレたり挫折したりすることがなかったのだ。

ワイン専門のコンサルティング会社、エノロジックスの創業者であるレオ・マクロスキーという人物がいる。前出のコリソンのワインが単なるデータで生み出されたものでないとすれば、マクロスキーの構築したビジネスモデル全体は、ワイン造りにおける完全データ主義を掲げている。世界最大のワインデータベースを持ち、年に何百ものワインをテイスティングしては個々の構成要素のレベルまで細かく分析し、色、フレーバー、香りで分けている。

映画『マネーボール』のワイン版

それにしても、彼はこの情報を使ってどうしようというのか。顧客であるワイナリーからコンサルティング依頼を受けると、そのシーズンの最も重要なブドウ摘み取りのタイミングを見極めるため、コンピュータ上でテストを実行する。ワインのリバースエンジニアリングにより、構成要素のレベルまで細かく分析し、徹底的に細分化する。この結果を、膨大なデータベースのデータと比較分析する。

データベースには、降雨量や水量のほか、醸造に使用する樽の種類、発酵期間といったワイン醸造プロセスの詳細も含め、ワイナリー固有の条件なども加味する。こうしたモデルの下で、ワインメーカーはワインの〝バーチャル醸造〟ができる。あたかも自分がスポーツチームのオーナーになって選手を取っ替え引っ替えしながらドリームチームをつくり上げるゲームのように、条件を変更しながら最良のワイン醸造のパターンを見つけるのだ。

ワインの瓶詰め準備が整ったら、エノロジックスは最後の一仕事をこなす。ワインの辛口評価で知られる専門誌『ワインスペクテーター』の一〇〇点満点評価で、このワインがどの程度の評価を得られるのか、かなりの精度で予測できるという。

映画『マネーボール』のワイン版といえばいいだろうか。職人業を頑なに守り続けてきたワイン文化の中では、ずいぶんと大胆なやり方である。

アルゴリズムでは拾えない奥深いデータ

マクロスキーは、顧客の名を明らかにしていないが、ブルゴーニュやアルザスといった、いわば「旧世界」の文化で名をあげた伝統的なワイン造りに、少しでも近づきたいと考える小規模ワインメーカーが多いという。こうした顧客はもちろん、業界の一部の消息筋も、マクロスキーがワイン業界に一定の貢献をしていると考えている。

だが、コリソンと少しでも付き合いのある者から見れば、その貢献は幻想にすぎない。マクロスキーの〝ブラックボックス〟には、永続性の視点がまったくないからだ。マクロスキーは、完全に客観的な方法でデータを扱い、ワインボトル内の構成要素を、その背後にある大きな文脈から切り離して徹底的に切り刻んで細分化することで、良いワイン造りを支援するあらゆる可能性を追求している。ただし、永続的な評価を得るような偉大なワイン造りとは無縁である。このため、選択の背景に、一貫性も美しさもなく、関心を持つ人間もいない。魂なき、技術的精度の追求なのだ。

仮にコリソンがエノロジックスの膨大なデータ処理のアルゴリズムを使ってワイン造りに

挑んだら、その年に限っていえばワイン評価でいいスコアを出せるよう条件を最適化できるかもしれない。だが、その代わりに、はるかに魅力的で素晴らしい長期的な道筋を犠牲にすることになる。

「ワインに関して素敵だなと思うことはいろいろありますが、その一つは、ワインが時間と場所を物語っていて、しかも、時間と場所を物語りながら、前に進んでいるということなんです。こういうワインは、過去の出来事を今に伝えているんですよ。私たちは、土壌がすべてを物語っているようなワイン造りをすることに、道義的責任があると思います」

三〇年にわたってそのようなワインを造り続けてきたコリソン。彼女の手がけるビンテージワインは長い歳月を超えてブレがない。酸もタンニンも酵素も、オークのフレーバーも一切加えない。彼女の内なる世界から必死の思いで飛び出してきたワインは、ブドウの果実そのものに全面的に依存している。

コリソンのワインをひと口飲めば、彼女が関心を抱くすべてを追体験できる。それは、アルゴリズムでは決して拾えない奥深いデータである。彼女がときに誤りを犯し、ときに流行遅れになりながらも成功に至った道のりは、機械学習では理解できない。感覚データを可能な限り入力しても、彼女の不屈の精神の意味を摑めないはずだ。コンピュータには「関心を持つ」という概念がないから、関心が最も重要であることも理解できないのだ。

意味のある違い

ヒーン、ベステアー、ボス、コリソンらの達人が発揮するスキルは、マルティン・ハイデガーやアルベルト・ボルクマン、ヒューバート・ドレイファスといった優れた哲学者の視点で言えば、めざす視点の発見にたどり着くスキルが優れていることになる。このナビゲーションの核となるのが、「意味のある違い」と呼ばれる現象である。

この概念を理解するには、まず、意味のある違いが「存在しない」世界を想像してみよう。先に、迷走している企業文化に見られるニヒリズムに触れたが、まさにその世界である。

意味のある違いがない世界では、物だろうが人だろうが、すべてが最適化の対象となる経営資源として扱われる。経営資源は入れ替えがきくから、消耗するまで使われる。となると、キャシー・コリソンのブドウも、マルグレーテ・ベステアーが対応したイタリアの工場でつくられる鉄鋼も、「経営資源」のひと言でくくられてしまう。

こういう考え方の延長線上には、人間自体を資源とみなす発想がある。だから「人的資源」という言葉もあるのだ。

ハイデガーの言う「技術」

マルティン・ハイデガーによる最高峰の論文と思われる『*The Question Concerning Technology*』（邦訳『技術への問い』、一九五四年）で、意味のある違いのない世界という当時最新のイデオロギーを解説している。彼は、「存在」の最新のかたちとして技術を取り上げている。世界を見るレンズである。

だが、ハイデガーの言う「技術」は、装置などの技術的考案品とはほぼ無縁である。技術（ハイデガーの言葉では「技術性」）は、我々の存在全体に染み込んでいる論理なのである。前近代社会のローマ人はすべてを神のなせる業と捉えたが、啓蒙思想家らは人間が宇宙の支配者だと感じていた。ハイデガーは技術が我々の存在の中心にあるとした。技術が神に取って代わっただけでなく、我々人間にも取って代わったのである。

ハイデガーの世界では、技術の精神や論理は「最適化」である。樹木でも水でも、人であっても、とにかく我々を取り巻く物質から価値を余すところなく搾り取ることを徹底的に追求するのである。二〇〇年前の大工が木切れを見かけたら、この木切れの木目や質感に合わせて、何かいいものが作れないかと工夫する。

例えば、ドアノブなどだ。ところが、今日では、材木をすべて木材パルプにしてしまい、標準化されて何の個性もないが、完璧な柔軟性を持つ「木材」として再び組み立てている。ハイデガーの知性では、今日の世界の現実を整理する目に見えない構造である。我々が標準化、最適化し、いつでも利用できるように柔軟性も高めるのである。

シリコンバレーの精神状態では、ハイデガーが日常生活のあらゆる面において特徴づけている不安感を絶えず体験することになる。すべてが利用可能な状態にあって当然で、すべてがほかのものと同等であり、毎日、毎時、毎秒がほかの日、時、秒と同じなのである。我々は、輸送システムであちこちに出荷される歯車や仕掛けと何ら変わらないのだ。

学校は、用途や最適化に入れ替えがきく利用可能な柔軟な会計士を生み出すためにある。企業や政府は、新人を採用し、いとも簡単に放り出す。誰もが同じ機関で同じ方法によりトレーニングを受けるからだ。技術は、我々の存在を柔軟にするものだが、同時に我々を操作し、挙げ句の果てに捨てることも実に簡単にしてしまった。これが進化の正体である。違うだろうか。

ヒーンやベステアー、ボス、コリソンら達人は、この技術万能の時代に非常に特別な役割を担っている。彼らのフロネシス（実践知）の行い、言い換えれば、文脈に依存した知識や経験を生かしてそれぞれの世界にまっすぐ向き合うことは、近代の不安感を追い払ってくれる。

グローバルな物のシステムの中で、彼らはいくらでも代わりがいるような資源ではない。むしろ、それぞれの世界からの呼びかけに応えている。

リスクをとることが絶対に大切

カリフォルニア大学バークレー校の哲学教授であるヒューバート・ドレイファスは、こうした達人が担う独自の役割について次のように説明する。

「デカルト派のモデルでは、生活における意味の源泉は我々自身の中にありということになりますが、本当はそうではありません。我々が最終的に達人を理解し、この世界で与えられた役割を理解したとき、我々の生活における意味の源泉は、我々自身の中にはないことに気づきます。世界の存在の中にあるのです。世界で何かを巧みにこなしているときは、自分自身が消え失せているのです。

そのとき、達人と世界の境界線がなくなっているのです。達人にできること、我々にできることに気づけば、自分自身の中で最高のものを発揮できるのです」

達人は、その技能を通じて、自分自身を超越するとはどういうことなのかを垣間見せてくれる。だが、このような取り組みには勇気がいる。

「どんなスキルを獲得するにせよ、リスクをとることが絶対に大切。なぜならルールを捨て去り、ありきたりの行動を捨て、自分独自の方法で世界を体験する必要があるからです。

我々が関心を寄せているリスクというものと、単なる虚勢を張ることには決定的な違いがあります。私たちには自分が本気で取り組もうとしているものや、自分らしさを表すもの、人生で意味のある違いを生み出すものがありますが、こういったもののためにリスクを取れるかどうかです。そのようなリスクは、どんな分野にせよ、達人になるために必要なステップなのです」（ドレイファス）。

つまり、関心なくして、意味のある違いは生まれないのである。

皆さんは、いかがだろうか。

第八章
人は何のために存在するのか

素晴らしいものは例外なく恵みによってもたらされ、恵みは技によってもたらされるが、技は容易にはもたらされない。

——ノーマン・マクリーン『*A River Runs Through It*』（邦訳『マクリーンの川』）

いつもいろいろなリストを作っていた。メインストリートに並ぶお店や会社、そしてそのオーナーを書き込んだリストもあれば、家族の名前、墓石に刻まれた先祖の名前や碑文のリストもある。そういう作業をするときには、正確でありたいと思うがためにどっと疲れてしまう。実際、私はいつもあれもこれもと思ってしまうから、完璧なリストを作成できた試しがない。自分が言ったことも、思ったこともれなく拾いたいし、樹木や壁に当たっている光も、辺りに漂うにおいも、道の窪みも、痛みも、ひび割れも、妄想も、すべてそこにとどまって一体になっていて、光を放ちながらいつまでも続いているものすべてをリストに盛り込みたいからだ。

――アリス・マンロー『*Lives of Girls and Women*』

介護の行方

日本やフランス、カナダ、米国などの国々で進む高齢化を背景に、医療機器・システムを手がける世界的な有力メーカーが長期的な高齢者介護の行方を見極めようとしていた。コンサルティングの依頼を受けた筆者らは、この四カ国で四五〇人以上を被験者とする面談や観察を含め、センスメイキングによる調査を実施した。調査対象は、高齢者用住宅、認知症患者用住宅、デイケア施設、サービス付き高齢者向け住宅で、介護の行方、介護士と被介護者の体験の変化を捉える構図を作り上げることがゴールだった。

つい最近まで介護のモデルは、多くの急成長産業と同じ曲線をたどっていた。財政難や高齢者扶養負担の拡大を背景に効率化が叫ばれていた（これは今も変わっていない）。介護士や介護施設は、簡単に数値化できて投資利益が明らかな措置（介護者一人当たりの受け入れ定員数拡大、転倒防止、床ずれ件数の減少など）に重点を置くべきだと考えていた。

このようにして介護士や介護施設は、入浴や排泄、起床・臥床といった身体介護に主に重点を置くようになり、介護をできるだけ標準化していった。この調査で、ある介護士が次のように語っていた。

「私たちはロボットじゃないと言いたいけれど、仕事は待ってくれませんからね。忙しすぎて、利用者さんのことを知る時間なんてとても取れません。利用者さんがどういう経歴の方々なのか、知らないんですよ」

こうした状況が介護の効率化に拍車をかけ、まるで大規模農業システムの単一品種栽培だとか、評価指標と成績アップと標準化テストばかりの教育制度のような様相を呈してくる。まさしく現代経営学の頂点と言ってもいい。高度に最適化されたシステムで、量的な指標により被介護者を測るものだからだ。

だが、調査で浮かび上がってきたパターンは、介護に新たなビジョンをもたらすものだった。今は評価や投資利益のかたちで抽象的な知識をよしと考える風潮があるが、その意味で、実に学ぶところの多い結果だった。

結局、人は「何のために」存在するのかを明確に理解するきっかけになったのである。

ランドールと午後三時の解決策

カリフォルニアのあるサービス付き高齢者向け住宅では、介護士のシフト交代の時間になると、ここで暮らす八七歳のランドールが興奮状態に陥り始める。認知症患者には、よくある症状だった。

シフト交代は毎日午後三時。ちょうどそのタイミングで、利用者の体操やら次の担当者の出勤やら慌ただしいひとときが訪れる。そのとき、ランドールの奥深くにある何かに火がつき、突然、ふてくされたり、妄想によって怒りをぶちまけたりするのだ。

すると担当介護士の一人、「バーバラ」はランドールをダイニングルームに連れて行き、ほかの利用者をいつもどおりゆっくりと別の場所に誘導する。ランドールはダイニングルームを歩き回り始め、テーブルの位置をずらしたり、椅子を動かしたりしている。

バーバラの腕を摑み、ときには数秒間、ぐっと力を入れてつかむこともある。バーバラは「あら、そんなことしちゃダメよ」と腕を引き離しながら冷静にあしらい、「ほら、あっちの窓は日がよく当たっているわ。向こうのほうが明るいわね」などとほかのことに注意を向けさせようとする。

その間、バーバラはほかの利用者の相手もしている。テーブルで眠っている利用者がいたら、軽く身体に触れて起こしたり、椅子からの立ち上がりや部屋の出入りを介助したりする。車椅子の利用者と歩行可能な利用者を上手に誘導しながら一人ひとり廊下に送り出し、最後にランドールが一人きりになる。すると、バーバラはドアを閉め、ドアのガラス越しにランドールの様子を観察し始める。

調査の際、彼女は次のように説明した。

「ランドールをダイニングルームに入れて、エネルギーを発散してもらうんです。イライラしていても、ここなら十分な広さがあるし、明るいので。ほかの利用者さんは、ランドールがここにいるのを見たら、関わりたくないと思っていますし」

認知症を患う利用者がいる場合、このような悩みは決して珍しくないが、介護の世界では状況を一変させる大きな問題でもある。OECD（経済協力開発機構）の予測によれば、二〇一五年から二〇三五年までに米国の認知症患者数は、五五・六％増加する見通しだ。同様にカナダでは六三％増、日本にいたっては七四％増という予測である。

突然の動揺は認知症患者に典型的な症状で、職員が対処するのには時間がかかるため、効率的な介護を追求している業界のモデルとは完全に逆行しているように見える。各施設では、患者の動揺した気分を悪化させず、介護業務の範囲内、範囲外を問わず、摩擦を極力減らすことに注力する必要がある。

床ずれ件数のように簡単に計測できる指標は、ランドールのような利用者に必要な介護とは何の関係もない。もっと重要なのは、個別のニーズに合わせた戦略だ。

まさしく、ランドールの担当介護士が毎日実行しているような巧みな対応である。

顔の見える介護の方が「安上がり」

このような介護を実行するためには、介護士チームがランドールのこれまでの人生やこの施設での暮らしぶりについて深く知っておく必要がある。

例えば、ランドールが何十年も教師をしていたことに気づいたのは、バーバラだ。三時のシフト交代時のランドールの反応は決して気まぐれではない。教師時代の時間感覚に、条件反射的に反応していたのだ。ちょうど生徒たちが教室から出てきて帰宅する午後三時に、エネルギーが放出されるのだ。

施設でシフト交代になると、ランドールは戸惑いとイライラを感じる。周囲の状況を認識できないためだ。何かが起こっていることは察知できても、自分が何をすればいいのかわからないのだ。

担当の介護士チームは、施設の外で彼が人生を送ってきた文脈に、今見られる行動を当てはめながら、一つひとつの点をつなぎ合わせていった。バーバラはランドールを鎮めるときに、「ジョンソン先生」と呼びかけてみた。教師時代に生徒たちからそう呼ばれていたからだ。午後三時の混乱を予期して、バーバラらは、交代のスタッフが来るまでの間、歌を歌ったり、物語を聞かせたりしながらランドールの気を紛らわせていた。

バーバラがこう説明する。

「その原理がわかったんです。ランドールには気分転換をしてもらっている間にスタッフの交代をすればいいことがわかりました。本当に囁きのようにやさしい声に、よく反応してくれることもあります。でも、彼と同じように高いテンションで対応したほうがいいときもあります。彼の声の調子に合わせるんです。ランドールの様子を感じ取る必要があるんですね」

巧みな対応をもってしてもランドールを落ち着かせることができない場合に備えて、ある取り決めが用意されている。やさしくダイニングルームに誘導し、しばらく一人にして〝ガス抜き〟をしてもらうのだ。

ランドールの介護方針として、「ランドールは木工職人の経験あり。モンテッソーリ教育法で使用する積み木を与える」とか「ランドールは学生の進路相談係の経験あり。仕事の内容について尋ねてみる」といったアイデアがホワイトボードに書かれているほか、文書も用意してチームメンバー間で共有している。

このような知識が体系的にまとめられた方法など、存在しない。ランドールという特定の人物の介護だけに通用するものだからだ。

同施設が経営学の発想でこの知識を汎用化し、もっとたくさんの利用者に適用しようとしても、とても応用のきくようなものでない。最良の介護とは、社会的文脈の中で一人ひとりの利用者を知り、その人のニーズに最適な方針を打ち出すことなのだ。

こうした〝顔の見える〟介護は、手がかかる高コストの戦略のように思われるかもしれないが、同施設では、認知症対策も含めたランドールの介護にこの方式を採用したところ、最も効率的な方法であることが判明している。絶妙な対処、糸口、注意のそらし方をうまく組み合わせたほうが、慌てて身体的ニーズのリストをチェックしたり、ランドールが募らせている不快感や特定の引き金を無視したりする場合よりも、ランドールの入浴や食事、なだめをはるかに迅速に実行できるようになったからだ。

また、一人ひとりに合わせた顔の見える介護は、介護士のビジョンとも見事に噛み合うのだ。各利用者を一人の人間として理解するよう奨励されているため、スタッフの燃え尽きやストレスが減り、目的意識が高まる。

こうした事例を目にすると、「そりゃ、誰だって充実した介護サービスを提供したいですよ。でも、その維持費が高すぎるんです」という声が聞こえてきそうだ。

だが、我々の調査の結果、実際の費用は、経営学と体系化された知識だけで実施する介護方式のほうが多くかかることがわかった。

蓋を開けてみれば、認知症に関して言うなら、質の高い、顔の見える介護のほうが「安上がり」だったのだ。

認知症介護の「新しい効率性」

費用対効果は、効率がそのまま反映される。

今回調査対象とした国々では、現場の介護士も雇用主も、認知症患者の場合は、個別対応による顔の見える介護のほうが時間短縮につながると例外なく回答している。施設内に落ち着いた穏やかな文化が全体的に広がれば（言い換えれば、摩擦を上手に回避できるようになれば）、転倒する利用者も減り、床ずれの件数も減るのである。すると、システム全体がうまく回り始める。

今回の調査に回答してくれたある施設の責任者は、次のように語っている。

「作業から人へと重点が移っています。被介護者との関係を構築できれば、被介護者にとってもいいことなんです。動き回ることも減りますし、生活の質が高まり、平穏に暮らせるようになります。そうなれば、介護する私たちにとっても仕事が楽になり、短時間でこなせるようになるのです」

こうした移行を成功させるには、時間とコストに対する我々の前提を抜本的に変えねばならない。

認知症介護の「新しい効率性」はまったくもって局所的で文脈に依存する。一般化して、大規模に適用することは不可能だ。ランドールは世界に一人しかいないのだから、ランドールの行動に対応できる標準化された解決策などあり得ないのだ。

現在は施設利用者個別の情報（コツや秘訣）を介護士同士で共有するに当たって、実にアナログな〝手作り〟のやり方で作業の効率化に努めている。例えばメモ用紙やホワイトボードに書き込んだり、会話を通じて広めたりといった具合だ。利用者がすぐに恐怖感を抱いたり、イライラをぶつけたりするような介護の現場では、経験から得た利用者固有の知識は特に重要だ。

こうした知識を円滑に共有するためには、まだ打つ手はたくさんある。

新しい技術には大きな可能性があるが、手順を素早く標準化するためにあるのではない。個別化した顔の見える介護の支援に使うべきなのだ。同じ介護をしても、利用者ごとに反応は違う。介護士にしてみれば、利用者ごとに異なる〝押すべきボタン〟を正確に把握し、適切な介護で臨むためのサポートが必要である。同じボタンをいくつも高速に押すためのサポートなど、不要なのだ。

文脈のある課題に対処するうえで、人間の知性というものは、すべてとは言わずとも多くの状況下で依然として最も効率的な知性である。ここで言う効率とは、大規模適用を前提とした知識ではなく、特定の個人について掘り下げた知識に基づいた効率だ。

呪縛からの解放

八二歳を迎え、米国の宝との呼び声も高い小説家、ウェンデル・ベリー。長年にわたりケンタッキー州ヘンリー郡の土地で農業を続けるかたわら、母校のケンタッキー大学で教鞭をとり、フィクション、ノンフィクション、詩集など四〇作以上を世に送り出している。

一九八〇年代、農場にある家の玄関ポーチから〝特等席〟で米国の農業の変わりゆく姿を目の当たりにしてきた。センスメイキングの旅を続けてきた我々にとって、ベリーが手がけた先見の明あふれるエッセイ『*What Are People For?*』（一九八五年）は、本書の完璧な最終章を飾ってくれるはずだ。

このエッセイの中でベリーは、都市化の進展と、米国らしい田舎暮らしや地域社会の空洞化を追いかけている。農場で働いてきた人々をひとまとめにしてエコノミストらが「永続的に就業不能の人々」と呼んだことに問題を提起した。農業経済の専門家によれば、これは最も効率の低い生産者を指すという。

「今日、何百もの農家が日を追うごとに農地を手放しているのに、エコノミストは昔から何も変わることなく、こういう人々は落ちぶれるのもやむなしで、それに比べれば、ほかの人々の暮らしはまだましなほうだというようなことを依然として言っている」

こうした農家がこれまでに積み上げてきた知識や成果は、多種多様な機械と農薬の組み合わせの前に、すっかり風化してしまった。これを農業科学の勝利だとする声もあったが、役立たず呼ばわりされている昔ながらの農家の人々をいったいどのような未来が待ち受けているのかと、ベリーは疑問を呈している。

「人間を廃れさせるのが、我々の社会のめざすゴールなのか」

そう彼は問う。

「人は何のために存在するのか」

すでに一九八〇年代からベリーは主に農業で積み上げてきた成果や知識をめぐり、疑問を呈してきた。それから三五年もたった今、ほぼすべての人間の労働についてまったく同じ疑問の声を上げねばならないのだ。

危機にさらされているのは、農家、運転手、工員などのブルーカラーだけではない。そこまで深刻とは言わずとも、会計士やレントゲン技師、法律家、ジャーナリスト、株式トレーダーなど、ホワイトカラーの職にも、その波は押し寄せている。

二〇一三年にオックスフォード大学の研究者らが、今後二〇年以内に米国の雇用のほぼ半数が機械に取って代わられるとの見通しを示している。このような数値は過大評価になっている可能性もあるが、一般化されたＩＴシステムやロボットが今日、そして将来の我々の暮らしに重要な役割を担っていることは疑いの余地がない。暮らしを充実させ、有意義なものにしてくれる発展は賞賛に資するものだが、雇用が奪われていく現実に何を見いだせるというのか。

毎日、我々の世界で見られる小さくても重要な言動には、数えきれないほどの大切な知識が秘められている。このような知識をやすやすと捨て去ることは、我々の未来の幸福や生産性、安全性、そして人間の心の栄養を大きなリスクにさらすことにほかならない。

「人は何のために存在するのか」というウェンデル・ベリーの問いをいま一度、繰り返したい。アルゴリズムや機械学習を葬り去れということでは決してない。昔の暮らしに戻ろうなどという、郷愁の気持ちで言っているのではないし、技術と無縁の孤島に隠居しようなどという呼びかけでもない。

そもそも、一か〇かの二者択一の問いではない。自然科学に取り憑かれて凍り付いてしまった文化は、もはや文化の名に値するかどうかも怪しいと言いたいのである。

技術や、そこから生まれたソリューションを何よりも大切に崇《あが》めているとき、我々は、人間の知を特徴付ける機敏さや微妙なニュアンスに目をつぶっている。技術を第一に崇めたてていると、ほかのところからにじみ出ているデータを取り込むことをやめてしまう。それでは、最適化ではなく、全体的な思考から生まれる持続性ある効率を見失ってしまう。

実践に役立つ有益な道具

ウェンデル・ベリーの例の問いかけを考えるとき、センスメイキングで最も重要なことがある。西洋の世界、とりわけ米国では、文化的探求に取り組むことが、生活に必須ではない贅沢になってしまったのかという問題だ。芸術や詩、音楽はなぜ週末の趣味としてちょっとかじってみるだけのものになってしまったのか。演劇を見たり、演奏会に出かけたりすることがなぜ偉ぶった連中の特権のように見られ、小説を読むことは時間の無駄のように思われているのか。

芸術は、ごく限られた恵まれた人々だけのものと誰が決めたのか。

「そんなことをして、結局、どんな得があるのか」と人は言う。

確かに、物語や歌に時間をかけたところで儲かるわけではない。シリアスな詩や厳格な理論は、優雅なランチに興じる女性たちだけが話題にするものなのか。小説に感情移入をすることは、個人的な時間であって、生産性とは何ら関係ないと人は言う。

それでも、「人は何のために存在するのか」という問いかけに対する答えは明白だ。「人は、意味をつくり出し、意味を解釈するために存在するのだ」

そして人文科学の分野は、こうした活動のための理想的なトレーニングの場になる。二〇〇〇年以上に及ぶ素材を活動の場として提供してくれるのだ。もちろん、人文科学の作品は喜びや楽しみをもたらしてくれる存在でもある。

だが、どんな文化や組織でも戦略の中心的な課題を抱えている。それは別の世界、慣習、意味、競争の厳しい市場をどのように理解すればいいのか、という課題だ。

これに対処するうえで、実践に役立つ有益な道具となるのが、人文科学なのだ。

こうしたスキルは、まさにセンスメイキングの中核をなすものであり、よそからの借り物で済ませられないスキルである。機械学習が、こうしたスキルについて洞察を得ることはない。スキルには、物を見る構図が必要であるが、アルゴリズムには単に視点がないからだ。

ブラームスを聴くもよし、ミシシッピ・デルタブルースの偉大なシンガー、サン・ハウスのシンプルにして実にソウルフルな音楽を通じて一九三〇年代に思いを馳せるもよし、シルヴィア・プラスの詩集をじっくりと味わうもよし。こういう活動を通じて、ベンチャー企業や社会事業の立ち上げ、あるいは今のポジションの充実につながる分析力を鍛えることになるのだ。それに、楽しく実行できるうえに、何といっても「真実に即している」。

競争力の源泉

ビジネススクールの教える独善的で底の浅い教義やら、自然科学の普遍的原理の将来性とやらから、一度自由になってみてはどうだろうか。人文科学は決して道楽ではない。それどころか、競争力の源泉にほかならない。

儒教哲学を勉強したいと言いだした自分の娘に冷ややかな目を向けたり、中世のフランス詩を専攻している人々を見下したりする前に、思い出してもらいたいことがある。実は、あなた自身が、勤務先でそういうトップの下で働いている可能性が極めて高いという現実だ。

自分の勤務先の取締役会長や社長が学生時代に歴史専攻だったり、スラブ世界や古代ギリシャの研究に打ち込んでいたりしたとしても、少しも不思議ではない。

むろん、あなたの息子が数学に心から情熱を燃やしているなら、ぜひとも理系の道に進めるよう応援してあげるといい。だが、自分自身にしろ、あなたの子供にしろ、人文科学から無理やり引き離して自然科学だけに有用性を求めて突き進んでも、本人にとっても我々の社会の将来にとっても、あまり役に立たない。

熟達した化学技術者や数学者、ソフトウェア開発者は確かに必要だが、同時に才能あふれる詩人や歌手、哲学者、文化人類学者も欠かせない。こうした多彩な視点に立ったアイデアの優れた部分を組み合わせることが大切なのだ。

個人として、あるいは全体的な文化として我々自身の最適化をめざすことではない。我々自身の最適化に突き進めば、あのサービス付き高齢者向け住宅に暮らしている認知症患者のランドールと、他の老人の間に、意味のある違いを捉えられなくなる。

最適化は、大規模利用を目的に資源を集計することであり、大規模利用を司る主人は技術である。だが、申し訳ないが、技術に我々の主人になってもらう筋合いはない。技術には、同僚、いや、それよりも訓練の行き届いたアシスタントないしは相棒辺りに降格していただこうではないか。

文化を解釈できる唯一の存在として我々の居場所を要求すれば、我々自身が自由になり、技術をあるがままの姿で捉えられるようになる。つまりは〝持ち駒〟が一つ増えたということになる。

何ものも「すべて」を変えることなどできない

技術のおかげで想像をはるかに超えた地点に手が届くようになったが、その新たな地点にたどり着いたら何をすべきなのかを見つけ出す必要性は依然としてある。そんなジレンマに対する答えは、我々が身を置く文脈に従って、我々から引き出される達人級のひらめきの業で解決するほかない。

今日、いつものように普通に過ごしているのであれば、せっかくの機会なので呪縛を解いてみてはどうだろうか。

周囲を見回してみよう。そこにあるのが当たり前と思っている文化の空気が、自分に何かを語りかけてくる瞬間がある。その声に耳を傾けてみよう。デジタル世界での行動の痕跡を追跡する新しいアプリの魅力を知らせてくれるものだったり、体に現れる症状をリアルタイムに診断してくれる医療系ベンチャーの存在を示すものだったりする。いずれも見事な方法で、有用性もある。

だが、そこで油断してはいけない。スティーブ・ジョブズが口癖のように言っていた「これはすべてを変える」という言葉がある。しかし、このモットーの呪縛から逃れて「これは一部のものを変える」と言い換えてみてはどうか。

そもそも、幅広い人文科学の教育では、何ものも「すべて」を変えることなどできないことを教えてくれるではないか。権力をめぐる争いであれ、お家騒動であれ、帝国の興亡であれ、我々と神との関係であれ、恋愛経験であれ、人文科学で扱う考え方やストーリー、芸術的な作品は常に的を射ている。愛、知、目的、卓越さに対して人間が抱く憧れは決して「新しいもの」ではない。だからこそ、古びることもないのだ。

ひとたび呪縛から逃れることができれば、新鮮な目で世界を見回してみよう。街で、家庭で、学校で毎日起こっている素晴らしい出来事が見つかるのではないか。ハッブル宇宙船やグーグル設計の「Go-playing」アルゴリズムと同じように、我々の好奇心に応えてくれる。

関心を寄せ、気遣いをするために人は存在する

現在、ほんの一瞬でもいいから、ジョージ・ソロスが市況を身体で感じ取る方法に好奇心を抱いてみてはどうか。あるいは、（しきたりや慣例ではなく）文脈上の特異性に着目して建物の形状を決定しているビャルケ・インゲルスはどうだろう。

ほぼ見知らぬ受講者で埋め尽くされた講習会場で、わずか数秒のうちに最適な学びの場を創り出すシーラ・ヒーンはどうだろう。

官僚主義という厄介な野獣がうごめく中で、人間らしい接点が持てる空間を切り開くマルグレーテ・ベステアーには賞賛の念を禁じ得ない。

人質解放交渉のメッセージの中に疑念や可能性、情報操作、怒りなど微妙なニュアンスを読み解こうとするクリス・ボスには目をみはるばかりだ。

キャシー・コリソンのワインを全神経を集中して味わってみてもいい。コリソンが手がけるカベルネを味わえば、コリソンが信じるものすべてを味わっていることになる。小さな土地という文脈の中で最高峰をめざしている人間の呼びかけを味わっているのだ。

彼らをはじめ、世界にはさまざまな達人がいる。こうした達人に賞賛の念を抱くと、もっと親近感を覚えるようになる。

学校の教師が合図一つで校庭にいる生徒たちを集合・整列させる様子を目にしたことがあると思う。

優れた監督はチームのメンバーの体温を測るという。

過去の名作小説を選び、理性も感情も完全に別の世界に入り込むだけで、時空を超えたところにいる誰かとつながることができる。

名選手、名歌手、名政治家、名経営者といったひときわ優れた面々から、高齢者施設利用者の腕に絶妙な感覚でそっと手を添える達人級の介護士に至るまで、目をみはるべき存在は我々の周囲にいくらでもいる。

「ちょうど学生さんたちが教室から出てくる時間だから、騒々しいんじゃないかしらね、ジョンソン先生」

と、絶妙なタイミング、絶妙な方法で絶妙な言葉をかけると、ランドールは落ち着きを取り戻し、長い一日の終わりに平穏なひとときを迎える。

「人は何のために存在するのか」

アルゴリズムにはさまざまな可能性があるが、関心を持つという行為はできない。

まさしく関心を寄せ、気遣いをするために人は存在するのだ。

出典

序　ヒューマン・ファクター

人文科学の資金が減少している実態は、2013年の米国科学振興協会の超党派によるレポート『The Heart of the Matter: The Humanities and Social Sciences for a Vibrant, Competitive, and Secure Nation』、ハーバード大学による2013年の調査『The Teaching of the Arts and Humanities at Harvard College: Mapping the Future』、2016年10月に最新版が出版された『Humanities Indicators: A Project of the American Academy of Arts and Sciences』など、多くの出典からもわかる。

金融、メディア、政策の分野で人文科学系の学歴を持つリーダーをリストアップする際、ビジネス・技術関連ニュースの専門サイト『ビジネス・インサイダー』の2012年12月の記事「30 People with 'Soft' College Majors Who Became Extremely Successful」を利用した。

第1章：世界を理解する

アリス・マンローの「心の奥底に根ざしている、きわめて個人的で特異性のある性癖は、まるで風に乗って浮遊する綿毛のように、受けいれてくれそうな着地点を探しているかに見える」という言葉は、1990年『ニューヨーカー』誌で発表された『Friend of My Youth』から引用した。

第3章：「個人」ではなく「文化」を

ニコル・ポランティエールの言葉は、2015年から2016年にかけての直接の会話から引用した。「神経可塑性の都市に小道をつくる」という一節も、ポランティエールの許可の下で引用した。

第4章：単なる「薄いデータ」ではなく「厚いデータ」を

「３人の為替トレーダーの話」のエピソードでは、ロバート・ジョンソン、クリス・キャナバンをはじめ、ソロス・ファンドでジョージ・ソロスと一緒に働いたトレーダー数人との会話から引用した。また、1987年のジョージ・ソロス著『The Alchemy of Finance』（邦訳『ソロスの錬金術』）にある記述とアイデア、さらに『ウォール・ストリート・タイムズ』と『ニューヨーク・タイムズ』の記事を引用

した。ヘッジファンドについてセバスチャン・マラビーが著した2010年の名著『More Money Than God』(邦訳『ヘッジファンド─投資家たちの野望と興亡』)は、「ブラック・ウェンズデー」と「ブラック・マンデー」に関する市場の詳細を知るうえで貴重な資料になった。

第5章:「動物園」ではなく「サバンナ」を

「フッサールとハイデガーとアプリコット・カクテルの物語」の節では、シモーヌ・ド・ボーヴォワールの1962年の自叙伝『The Prime of Life』に事の経緯が書かれている。また、そのときの出会いのほか、フッサールの「現象学の幼稚園」的講義については、サラ・ベイクウェルの2016年の著書『At the Existentialist Café: Freedom, Being, and Apricot Cocktails』に詳しい。

第6章:「生産」ではなく「創造性」を

ヘンリー・フォードの発明家・技師としての若き日々を本章冒頭に描いたが、この部分は、スティーブン・ワッツの2005年の著書『Tycoon: Henry Ford and the American Century』に着想を得た。

今日のビジネス界では、この種の〝創造性談議〟が花盛りだが、その典型として、ロバート・I. サットンの2001年の著書『Weird Ideas That Work: How to Build a Creative Company』(邦訳『なぜ、この人は次々と「いいアイデア」が出せるのか』)と、クリス・バレス・ブラウンの2008年の著書『How to Have Kick-Ass Ideas: Shake Up Your Business, Shake Up Your Life』の2つを挙げておく。

創造性に関する引用

サラス・D・サラスバシーとベン・ボールドウィンの言葉は、2013年の『ウォール・ストリート・ジャーナル』の記事「How Entrepreneurs Come Up with Great Ideas」から引用した。

マーク・フィールズの言葉は、2015年の筆者との会話から引用した。

アガサ・クリスティの言葉は、1977年の自伝『Agatha Christie』(邦訳『アガサ・クリスティー自伝』)から引用した。

ジョージ・ソロスの言葉は、前掲の1987年の『The Alchemy of Finance』(邦訳『ソロスの錬金術』)から引用した。

女優フィリシア・ラッシャッドについて語るティナ・ランドウの言葉は、2016年

出典

の『ニューヨーク・タイムズ』の記事「Phylicia Rashad, Finding Joy in Tribulations of Her Role in 'Head of Passes'」から引用した。

グラハム・グリーンの1951年の著書『The End of the Affair』（邦訳『情事の終り』）とジョージ・サンダースの2007年のエッセイ『The Braindead Megaphone』から引用した。

曹洞宗僧侶のブランチ・ハートマン・全慶による「初心」に関する2001年の講演は、チャペルヒル禅センターのウェブサイト（www.chzc.org/hartman4.htm）に掲載されている。

突然のひらめき

ビャルケ・インゲルスの体験談と言葉は、2015年から2016年にかけて筆者が彼と数度にわたって会話した中から引用した。

第7章：「GPS」ではなく「北極星」を

シーラ・ヒーン、マルグレーテ・ヴェステア、クリス・ボス、キャシー・コリソンとは2015年から2016年にかけて言葉を交わす機会があり、それを基に、センスメイキングの業を最大限に活用している事例として彼らの活動や言葉を紹介した。

意味のある違い

ここで挙げたヒューバート・ドレイファスの言葉は、2012年5月にカリフォルニア大学バークレー校にあるドレイファスの研究室にて筆者がインタビューした中から引用した。

[著者]
クリスチャン・マスビアウ
Christian Madsbjerg

ReDアソシエーツ創業者、同社ニューヨーク支社ディレクター。ReDは人間科学を基盤とした戦略コンサルティング会社として、文化人類学、社会学、歴史学、哲学の専門家を揃えている。マスビアウはコペンハーゲンとロンドンで哲学、政治学を専攻。ロンドン大学で修士号取得。現在、ニューヨークシティ在住。

[翻訳者]
斎藤栄一郎
さいとう・えいいちろう

翻訳家・ライター。山梨県生まれ。早稲田大学卒。主な訳書に『1日1つ、なしとげる』、『イーロン・マスク 未来を創る男』、『SMARTCUTS』、『ビッグデータの正体 情報の産業革命が世界のすべてを変える』(以上講談社)、『小売再生 ―リアル店舗はメディアになる』、『TIME TALENT ENERGY』(以上プレジデント社)、『フランク・ロイド・ライト最新建築ガイド』、『テレンス・コンラン MY LIFE IN DESIGN』(以上エクスナレッジ)、『マスタースイッチ』(飛鳥新社)などがある。

センスメイキング
本当に重要なものを見極める力
文学、歴史、哲学、美術、心理学、人類学、……
テクノロジー至上主義時代を
生き抜く審美眼を磨け

2018年11月15日　第1刷発行
2019年 5 月24日　第7刷発行

著　者　クリスチャン・マスビアウ
訳　者　斎藤栄一郎
発行者　長坂嘉昭
発行所　株式会社プレジデント社
〒102-8641 東京都千代田区平河町2-16-1
平河町森タワー 13F
https://president.jp　http://str.president.co.jp/str/
電話　編集(03) 3237-3732
販売(03) 3237-3731

編　集　渡邉 崇
販　売　桂木栄一　高橋 徹　川井田美景　森田 巌　末吉秀樹
装　丁　秦 浩司(hatagram)
制　作　関 結香
印刷・製本　中央精版印刷株式会社

ISBN978-4-8334-2306-9
Printed in Japan